왜 신경증에 걸릴까

왜 신경증에 걸릴까

내면의 악천후에 관한
아들러 심리치료 강의

북카페에서 읽는
아들러 클래식
1

알프레트
아들러
지음

박우정
옮김

박민수
감수

아프고 지친 사람들의 마음을
어루만져주는 좋은 진료 지침

—

박민수
가정의학전문의·고려대 의대 외래교수

최근 아들러 심리학 열풍이 불고 있다. 아들러가 사망하고 80여 년이 지나는 동안 심리학 내부에서도 크고 작은 변화가 있었는데, 최근 들어 그의 심리학이 복권되는 데에는 나름의 사회적 맥락과 요구가 존재한다. 그는 마르크스주의자 레온 트로츠키와 친분이 깊었을 만큼 사회주의 성향의 이념을 품고 살았던 인물이다. 따라서 심리학을 바라보는 그의 관점도 사회심리학적인 경향이 강하다. 그는 인간 심리의 문제가 타인과의 사회적 관계에 의한 것이라는 관점을 고수했고, 생전에 자신의 이런 관점을 세상에 널리 알리고 싶어했다. 심한 사회 스트레스와 열등감에 노출되어 살아가는 한국인에게, 비록 오래된 담론이지만, 인간 심리를 사회구조적 관점에서 바라보고 그로부터 발원한 열등감과 사회 스트레스에서 벗어나게 하는 방법을 제시하는 그의 이야기는 여전히 유효하게 다가올 수밖에 없다.

통상적으로 심리학의 계보는 크게 세 가지로 분류된다. 인간의 성욕은 억압되어 있으며, 인간이 억압된 성욕을 해소하기 위한 '쾌락 의지'의 지배를 받는다고 보았던 프로이트의 이론을 계승한 프로이트학파가 그 하나이고, 다른 하나는 니체가 말한 '권력에의 의지'가 인간의 행동과 사고·감정을 추동하는 원동력이라고 보는 아들러학파의 관점이며, 프로이트나 아들러의 이론이 가진 맹점을 꿰뚫어보고, 심리학적 해결책보다는 철학적 사고의 변화를 요청했던 빅토르 프랑클의 관점이 그 마지막이다.

물론 수십 년 전 제기된 이들의 주장 이후에도 마르틴 부버의 사상으로부터 깊은 영향을 받은 칼 로저스의 인간중심 상담이 기존의 치료사와 환자의 관계를 상담자와 내담자의 일대일 관계로 역전시키는 혁명을 일으켰으며, 아론 벡을 위시한 일단의 정신의학자들이 주창한 혁명적 정신치료법인 인지행동 치료가 심리 치료에서 대대적인 혁신을 가져왔고, 최근에는 인간의 본성과 유전적 특성을 연구하는 뇌과학이나 진화심리학, 사회생물학적인 개념, 부정적 감정과 사고 작용에 대한 연구나 개선을 다루기보다는 긍정적 심성과 인간의 번영으로의 대전환을 요청하는 긍정심리학 등이 뒤를 이어 심리학 내부에 거대한 지각변동을 일으키고 있다.

최근의 심리학은 이들 모두를 융합하고 통합한 결과물이다. 심지어 비과학적이라는 오명을 뒤집어쓰고 거의 퇴출되었던 프로이트의 정신분석학 이론 역시 첨단 뇌과학 연구를 통해 무의식의 실체적 규명이 가능해지면서, 프로이트의 원안 그대로는 아니겠지만, 인간 내면의 무의식적인 심층의 실재를 하나씩 알려주고 있다.

사실 복잡하고 다층적인 인간 심리를 제대로 이해하자면, 간략하게 적었지만 이와 같은 다면적인 심리적 관점들을 투영해야만 한다. 게다가 많은 약리학의 혁신과 발달은 마음이 아닌 뇌 호르몬의 기전과 이상에 집중해 정신 문제를 해결하는 처방 및 치료법을 축적해왔으며, 현대 정신의학의 근간을 형성하고 있다. 일부 정신 질환에서는 약물 요법이 가장 우선시되고 효과적일 수 있다. 의사의 관점에서 보자면 정신 질환이나 심리 문제를 단지 심리 치료만으로 해결하겠다는 생각은 편견이나 독단일 수 있음을 역설하고 싶다.

이런 복잡다단한 심리학의 발전 속에서 아들러 심리학이 갖는 미덕은 확고하다. 현대인의 심리를 꿰뚫어보고 그것의 올바른 방향으로의 전환에 긍정적 가치를 부여하는 데 있어 아들러 심리학만큼 체계적이고 설득력 지니는 견해를 찾아보기란 쉽지 않다.

비록 당시의 과학적 발전의 한계로 뇌생리학이나 뇌유전학과 같은 뇌과학이 규명한 중요한 정보들이 탈각되어 있긴 하지만, 일상적인 인간관계에서 타인과의 조우가 만들어내는 부정적 감정과 사고, 그리고 그로 인해 우리가 느끼는 사회 스트레스와 열등감은 현대인의 심리 구조를 이해하는 데 중요한 단서가 된다.

아들러가 고수하는 신경증적 개념은 특별하다. 아들러는 인간이 개인적 우월성의 추구나 권력에의 의지에 비정상적으로 집착할 때 파괴적 생활양식lifestyle을 갖게 되며, 신경증에 빠지게 된다고 보았다. 사실 신경증은 오늘날에 이르러 일부 의학자가 잘 인정하지 않는 질병 분류이기도 하다. 아들러 사후 정신 편람이 체계화되면서 고전적 신경증 개념 대신 정신분열증이나 강박증, 불안장애, 우울증과 같은 정서행동 장애 등으로 정신병의 세목이 무수히게 분류되면서 신경증은 점차 애매모호한 개념으로 인식되었기 때문이다.

따라서 이 책에 곧잘 나오는 신경증이라는 개념을 현대 의학에서 말하는 신경증으로 등치시키는 것은 비약이라고 할 수 있다. 다만 아들러가 제시한 신경증은 왜곡된 인간관계와 인간 심리가 극단적인 상황에 이르러 발현되는 정신심리적 강박 증상이라는 개념으로 이해하는 게 옳을 것이다.

아들러 심리학이 갖는 의미는 이런 것이다. 개인의 심리 문제는 비록 애초에는 외부 요인들에 의해서 발현되기는 하나 자신이 어떤 태도와 신념을 고수하느냐에 따라 얼마든지 달라질 수 있고, 하나의 원인이 아닌 다양한 원인이 결정하는 것이며, 환경이나 운명에 의해 구조화되어 회복하기 힘든 대상이 아니라, 개인의 의지와 신념을 통해 얼마든지 극복할 수 있다는 점이다.

역설적인 말이겠지만, 아들러 심리학이 만능은 아니다. 하지만 현대인이 체험하는 대부분의 관계 스트레스에 대한 현명한 대안 가운데 하나는 될 수 있다. 아들러가 신경증적 심리 문제에 대해 제시하는 처방전은 다음과 같다. 대인관계나 사회적 상호 작용 안에서 발생하는 심적 문제와 갈등으로 인해 결코 주체적 관점을 잃어서는 안 된다. 또한 열등감이나 질투에 사로잡혀 부정적 정서와 사고에 함몰되어서는 안 된다. 자신의 부족한 점을 선선하게 시인하고 받아들이는 대신, 이를 극복하고 회복하려는 의지와 노력을 통해 새로운 희망을 발견해야 한다는 것이다. 니체식으로 표현하면 노예의 심성에서 벗어나 주인의 덕성을 갖추라는 것이다.

이 책을 읽으려면 아들러가 늘 당부했던 주체적 관점과 해석이 필요하다. 아들러가 여러분에게 전하고자 하는 주체성의 회복이라는 맥락을 놓치지 말아야 한다. 그래서 책 읽기를 통해 주체적 자기 이해와 의지의 회복이 이뤄진다면, 그것이 오래전 책인 『왜 신경증에 걸릴까』가 지금 이 순간 가질 수 있는 현대적 의미일 것이다.

우울, 불안, 무기력, 좌절 등의 무수한 심리적 난관에 부딪힌 우리나라 사람들에게 아들러 심리학은 좋은 벗이 될 것이다. 나 역시 진료 현장에서 환자들을 만날 때 따뜻하면서도 확신을 주는 진료 철학의 좋은 파트너로서 아들러 심리학을 두고두고 천착할까 한다.

『왜 신경증에 걸릴까』는 본질적으로 임상 심리치료 사례 모음집이다. 아들러의 저작을 처음 접하는 독자들의 이해와 완전한 의미 파악을 돕기 위해 우리는 아들러의 개인심리학의 중심 내용들을 아우르는 기준틀을 제시하고자 한다. 아들러는 다른 저술에서와 마찬가지로 이 사례 보고서에서도 자기 이론의 거의 모든 측면에 걸친 진술들을 곳곳에 배치해두었기 때문에 우리가 간추린 요점들은 대부분 이 책에 나오는 구문들을 인용해 뒷받침할 수 있다.

서론에서는 (a) 아들러 저작의 중요성 (b) 아들러의 성격 이론 (c) 정신 건강, 신경증, 심리치료에 관한 아들러의 견해를 논의하고 (d) 아들러의 생애와 (e) 이 책에 관해 간략하게 설명하겠다.

A. 아들러 저작의 중요성

오늘날 아들러는 성격personality, 심리장애, 심리치료psychotherapy에 관한 포괄적인 이론을 처음 발달시킨 정신의학자라는 점에서 중요하다. 그의 이론은 프로이트의 견해를 대체하는데, 프로이트가 최고의 찬사를 받기 훨씬 더 전의 이론과 이후의 연구 결과들에 대해서도 마찬가지다.

최근 들어 프로이트 이론의 체계가 관련 문제들을 설명하는 데 불충분하다고 여긴 많은 사람이 그 대안들을 다시 논의하고 있다. 이런 대안들은 실존심리학, 정신과학, 내담자 중심 상담, 인본주의 심리학, 제3세력 심리학, 현상학적 심리학, 사회정신의학, 합리적·정서적 치료, 신프로이트 경향, 자아심리학 등 그 밖의 많은 이름으로 알려져 있다. 이 모든 접근 방식은 프로이트의 이론에서 벗어났다는 점에서 프로이트보다는 아들러의 기본 가정들과 훨씬 더 쉽게 조화를 이룬다. 아들러를 이해하면 이 모든 연구를 이해할 준비를 잘 갖추게 된다.

현대의 심리학적 사고 발달에서 서구 세계는 처음에 프로이트를 거쳐가야 하는 것처럼 보인다. 아들러도 잠깐 동안 프로이트의 연구에 관심을 가졌다. 프로이트보다 열네 살 아래인 아들러는 1902년에서 1911년까지 프로이트가 주최하는 정신분석 모임의 주요 일원으로 활동했다. 그러나 아들러는 프로이트의 이론과 결별한 최초의 인물이었고 이후 무수한 사람이 그 뒤를 따랐다. 그럼에도 아들러는 고무적인 영향을 미쳤고 유용한 결실을 맺었다. 오늘날 우리는 후기 프로이트 시대에 접어들었다는 말을 점점 더 자주 접하게 되는데, 그에 따라 아들러에 대한 관심과 이해가 높아지고 있다.

말하자면 프로이트는 중간 기착지라 할 수 있다. 프로이트의 이론은 처음에는 혁신적이고 어려워 보이지만 사실 아들러보다 더 보수적이다. 또한 당시 널리 퍼져 있던 과학적 사고와 일부 대중적인 생각을 참고하면 아들러보다 더 쉽게 이해할 수 있다. 프로이트는 환자가 하는 모든 말이 정신 장애의 퍼즐을 풀 중요한 기본 정보라는 것을 알고 주의 깊게 들었다는 점에서 당시로서는 혁신적이었다. 하지만 환자의 내면적 심리 체계는 과거에 존재한 객관적 원인들에 의해 궁극적으로 결정된다고 굳게 믿었다는 점에서 과학적으로는 보수적이다. 프로이트의 이론이 어려운 이유는 그가 자신이 "발견" 했다고 믿고 인간의 행동 전 영역의 원인이라고 생각한 무수한 충동, 단계, 영역, 기제를 가리키는 새로운 용어를 많이 창안했기 때문이다. 하지만 이 모든 것은 정신 장애가 신체적 질환과 마찬가지로 개인이 통제할 수 없는 힘들에 의해 생긴다는 오래된 사고방식과 유사하기 때문에 비교적 이해하기 쉽다.

아들러가 주장한 것처럼, 광범위한 영향력을 발휘하는 개인의 내면심리 세계는 객관적 요인으로 형성되는 게 아니라 궁극적으로 개인 자신이 만들어내는 것이고, 개인의 삶의 행로는 비교적 객관적인 충동이 아니라 매우 주관적인 목표와 가치에 따라 방향이 정해진다는 생각이 과학적으로는 더 혁신적이다. 또한 개인이 스스로 세우거나 받아들인 목표와 가치를 확실히 자각할 수 없다는 생각은 개인이 아마도 의식적 자아를 지배할 "무의식"에 좌우된다는 개념보다 더 수용하기 어렵다.

프로이트와 아들러 사고의 본질적인 차이는 전자의 경우 인간의 심리적 기능에 대한 개념이 물리학에 입각한 반면 후자는 생명의 과학인 생물과학에 입각했다는 것이다. 전자에는 기계적, 요소주의적, 결정론적 방향성이 적당했지만, 후자에서는 생명체 고유의 특성을 이해하기 위해 유기체적, 총체적 관점이 더 효과적이라는 생

11

각이 오늘날 널리 인식되고 있다. 유기체적, 총체적 관점은 과거의 객관적인 결정 요인들을 고려할 뿐 아니라 가장 중요한 결정 요인인 끊임없이 앞으로 나아가려는 충동을 가진 생명체 자체의 힘을 다룬다. 이 힘은 아직 설명되지 않았고 앞으로도 영원히 그럴지 모르지만, 그릇된 과학적 이상을 위해 이 힘을 무시하기보다는 중요하게 고려하는 것이 훨씬 더 과학적이다. 또한 신노트[1]가 거듭 설명한 것처럼, 생물학적 문제들을 목적론적 관점으로 접근하는 것이 과학적으로 유익하다.

전반적인 생물학에 유기체적, 총체적 관점이 더 적합하다면, 생명체의 가장 고차원적인 표명인 인간 심리를 다루는 학문Human psychology에서도 마찬가지여야 한다. 아들러는 당시에는 오늘날처럼 명확하게 정의되지 않았던 이러한 관점을 수용했다. 이 관점의 실질적인 주요 의미는 개인을 전적으로 외부의 힘이 아닌 상당 부분 스스로에 의해 결정되는 존재로 이해하는 것이다. 이 개념은 환자에게 자유롭고 낙관적인 느낌을 주기 때문에 심리치료에 특히 유용하고, 그래서 환자를 변화시키는 데 중요한 역할을 한다.

B. 성격 이론

아들러가 제창한 개인심리학Individual Psychology의 주요 원칙들은 다음과 같다.

1. 개인의 통일성

개인심리학의 연구 단위는 개인과 그의 생활 방식이다. 욕구, 감정, 문화적 경험 등 사람들 사이에서 관찰되는 일반적인 유사점들은 모두 개인의 체제, 라이프스타일(생활양식), 삶의 방침에 종속되는 것으로 이해해야 한다. 게슈탈트 심리학에서 전체 형태의 체제가 개별적인 부분들을 어떻게 지각할지를 결정하는 것처럼 개인심리학에서는 개인 전체의 체제가 모든 부분적인 기능에 영향을 미친다. 하지만 아들러는 게슈탈트 심리학을 넘어 개인을 목표지향적이라고 인식했고 신경증 증상을 포함한 모든 부분적인 기능이 전체 목적에 기여한다고 보았다.

이러한 이해가 낳은 중요한 결과들 중 하나는 의식과 무의식을 반대로 보는 프로이트 학파의 인식과 자기 내적 갈등의 개념이 사라진다는 것이다. 무의식은 개인의 목적에 의식 못지않게 기여한다. 무의식은 개인을 지배하려 하고 개인은 이를 억제하려 하는 비교적 자율적인 기능이 아니다. "개인심리학은 의식과 무의식을 별개의 상충되는 독립체로 구분 짓지 않고 하나의 동일한 실체를 이루는 보완적이고 협력적인 부분으로 본다." "'의식'과 '무의식'을 개인의 존재를 이루는 상반되는 반쪽들이라도 되는 양 서로 반대편에 놓을 수는 없다. 의식적인 삶은 우리가 이를 이해하지 못하면 곧바로 무의식적인 삶이 된다. 또한 무의식적인 성향은 우리가 이를 이해하자마자 의식적인 것이 된다."

심리적 기능뿐 아니라 신체 기관들의 기능도 라이프스타일을 따르지만, 둘 다 본디 라이프스타일의 형성에 영향을 미치는 요인들이다. "신체 기관의 기능은 라이프스타일의 지배를 받는다. 폐, 심장, 위, 배설기, 생식기의 경우 이런 영향이 현저하게 나타난다. 이같은 기관의 기능 장애는 개인이 목표를 이루기 위해 취하고 있는 방향을 나타낸다. 나는 이런 장애들을 '기관 방언organ dialect' 혹은

'기관 용어_{organ jargon}'라고 부른다. 신체 기관들이 개인의 전체적인 의도를 나름의 가장 의미심장한 언어로 드러내고 있기 때문이다."

"성기관의 방언이 특히 의미심장하다." "그런 질문을 던진 사람들은 (…) 성적 충동이 다른 모든 행동을 일으키는 중심 동기라고 오해한 듯 보인다. (…) 우리의 경험에 따르면, 성적 구성 요소들은 개인의 라이프스타일과의 관계를 고려하지 않으면 올바로 평가할 수 없다."

"모든 정신적, 신체적 기능이 필연적으로 유전적 요인의 영향을 받는다는 데 이의를 제기하는 건 아니다. 하지만 우리가 모든 정신 활동에서 보는 것은 특정한 목표를 이루기 위해 유전적 요인이 어떻게 이용되는가이다."

개인에게 내분이 일어나는 건 아니다. 개인은 상충되는 세력들의 싸움터가 아니다. 내적 갈등으로 보이는 것은 상황이 제시하는 대안들 중에서 선택할 자유와 의무를 포함한 개인의 자기 결정성 때문에 생긴다. 여기에는 잘못을 저지를 자유도 포함된다. "올바로 이해해보면, 이러한 정신적 과정(아랫사람으로 일하다가 윗사람이 되고 열등성을 표현하지만 우월성으로 보상받는 과정)은 양면적이 아니라 동적인 통일성을 지닌다. 이 과정을 두 개의 모순되고 대립하는 실체로 보는 견해는 전체를 보지 않는 것이다."

2. 통일된 동기

유기체이자 통일된 전체인 개인은 다양한 충동이나 동기가 아니라 하나의 동적인 힘에 의해 결정된다. 다른 모든 충동이나 동기는 이 힘의 부분적이고 부차적인 측면들일 뿐이다. 이 힘은 삶 자체의 발전과 전진에서 나오며, 전반적으로 앞으로 나아가려는 노력이다. 가장 중요한 하나의 동기를 인식하는 작업은 아들러 이후 모든 유기체 심리학에서 공통적으로 해온 일이다. 최근의 연구자들은 이 동기를 자아실현, 자기 확장, 자기일관성, 능력 등으로 부른다.

아들러는 궁극적으로 완벽, 완성, 극복 혹은 성공이라는 목표를 향한 노력에 대해서 이야기한다. 이 책에서 그는 삶의 어려움을 극복하려는 노력, 정신의 상승 노력, 우월성을 향한 노력을 이야기하고 우월성의 목표를 가장 자주 언급한다. 우월성이란 완벽, 완성 혹은 능력 면에서 타자들보다 우위에 있음을 뜻할 수도 있고, 전반적인 어려움들을 이겨내려는 우위를 뜻할 수도 있다. 전자는 정신장애, 후자는 건강한 정신의 특성이다.

여기서 문제가 발생한다. 아들러의 이론서는 기관器官 열등감과 그 보상 개념에서 출발하여 열등감을 동적인 힘으로 강조했다. 이 책에는 "자신에게는 능력이 없다는 느낌, 즉 '열등감'은 개인심리학의 근원을 이루는 개념이다"라는 구절이 나온다. "우리는 사람들이 정도의 차이는 있지만 누구나 열등감을 느끼며 그에 대한 보상으로 우월성의 목표를 향해 노력한다는 것을 곧 알 수 있다."

문제는 열등감이 먼저냐, 노력이 먼저냐이다. 열등감이 먼저라고 보는 동기이론에는 매슬로[2]가 이른바 결핍 동기라고 부른 욕구만 포함될 것이다. 이런 관점에서 보상은 실제로 동인動因 감소와 병행된다. 결핍감, 열등감이 없으면 노력도 없을 것이다.

아들러는 이 문제에 대해 명확한 입장을 밝히지는 않았지만, 마지막 저작들에서는 그 순서를 바꿔 노력을 우선순위에 놓았다. "개인은 이룰 수 없는 이상적인 완벽함과 비교해 계속적으로 열등감에 가득 차 있고 그에 의해 동기 부여를 받는다." "완벽을 위한 투쟁에서 사람은 항상 정신적인 동요 상태에 있으며 완벽이라는 목표 앞에서 불안을 느낀다."[3] 이는 대단한 이론적 발전이다. 성장 동기 개념(매슬로)에 여지를 줄 뿐만 아니라, 노력을 우선순위에 두게 되면 이를 인간에게 나타난 모든 생명체의 특징인 전반적인 성장과 확장의 움직임으로 생각할 수 있기 때문이다. 게다가 유아에게서는 보편적인 기본 열등감이 확인되지 않는다. 유아의 보편적인 열등감은 직접적으로 관찰되지 않고 내면 고찰을 해도 확인되지 않으며 다만 추측에 불과하다. 반면 성공이나 능력을 얻기 위한 노력은 유아에게서도 아주 쉽게 발견된다.[4]

아들러는 말년에 개인심리학의 기본 가정들을 요약한 한 논문[5]에서 열등감에 대해서는 일체 언급하지 않았다. 그렇다고 정신 장애를 다루는 심리학에서 강한 열등감과 그에 상응하는 낮은 자존감이 중요 요인이 아니라는 뜻은 아니다. 단지 열등감을 더 이상 우선적 요인이 아닌 성공을 향한 노력이 방해받은 결과물로 본다는 뜻이다.

3. 자기 결정과 독특성

인간은 자기 자신과 상황을 검토하고 미래를 위해 전력을 기울일 수 있기 때문에 가장 중요한 동기는 개인이 스스로 정한 전체적인 목표와 우월성과 성공을 어떤 개념으로 보느냐이며, 이에 따라 방향이 정해진다. 목표의 모든 내용이 개념화되는 것은 아니다. 정도 차이는 있지만 개인은 자신이 어디로 향하고 있는지 어렴풋하게만 알고 있다. 또한 개인의 목표는 어느 정도는 심리학자의 추론이나 작업가설이기도 하다.

목표 형성에 객관적인 현실이 고려된다 해도 목표는 결국 개인의 독창력 혹은 창의력에 의해 주관적으로 결정된다. 따라서 목표에는 개인의 독특성이 아주 현저하게 드러난다. 이 요인들이 작용한 우월성의 목표는 각 특정 사례의 유전적, 환경적 요인들의 독특성을 넘어 개인별로 무한한 차이가 생길 수 있다.

"자유롭게 성장하는 사람은 아무도 없다. 개개의 인간은 지구와 우주 속 자신의 주변 환경에 정신과 감정, 그리고 영양 측면에서 의존한다. 그럼에도 어느 정도는 독립적이기도 해서 이런 관계들을 의식적으로 받아들여야 한다. 이 관계들이 제시하는 삶의 과제들에 응답해야 하는 것이다." "신체 기관과 환경을 의식적으로 연결시키는 아이의 정신에는 불명확한 인과적 힘casual power이 있는 것처럼 보인다. 그래서 정상적이건 비정상적이건 아이의 정신은 어떤 것에도 수학적 정확성을 갖고 반응하지 않는다. 죽은 물질과 달리 생명체는 항상 이렇게 다소 부정확한 (그리고 자발적인) 방식으로 반응한다." "아이가 미래를 어떻게 구상하는지가 목표에 영향을 미치는 지배적인 요인이기 때문이다." "정신세계에서 개인의 방향성을 잡아주는 원리들 중 우리가 믿는 방법보다 더 나은 것은 없다." 세계에 대한 우리 반응은 세계에 대한 우리의 인식, 믿음, 태도에 좌우된다. 따라서 개인심리학은 인지심리학, 현상학적 심리학이 되었다.

이미 언급한 것처럼, 내적 갈등은 선택을 내릴 수 있는 개인의 자유로부터 나온다. 이 자유는 신경증 환자에게 특히 어려움을 안겨준다. 신경증 환자들은 앞으로 나아가길 두려워하는 데 비해 선택이란 한 걸음 전진을 나타내기 때문이다. 따라서 다른 사람들이

17

말하는 내적 갈등에 대해 아들러는 이를 "주저하는 태도", 시간을 벌기 위한 "시간 낭비"라고 표현한다.

행동에 믿음과 태도가 중요한 역할을 하고 개인의 창의력으로 궁극적인 결정이 내려진다고 가정하면, 앞에서도 언급한 것처럼 치료에는 낙관적인 견해가 매우 중요하다.

4. 사회적 맥락

개인의 상황을 배제하고 부분적인 기능들을 검토할 수 없듯이 개인도 인간 사회라는 더 큰 맥락 안에서 검토되어야 한다. 우리를 인간이게 하는 중요한 요소인 언어는 사회적 산물이며, 사회적 맥락을 충분히 고려하지 않고 개인을 연구하는 것이 얼마나 비과학적인지 보여준다. 따라서 개인심리학은 사람과 사람 사이의 상호 작용을 연구하는 학문이 되었다.

한 아이가 왕좌에서 밀려난 느낌을 받으면서 생긴 상황을 다음과 같이 설명하는 데에 이런 생각이 반영되어 있다. "맏이들은 흔히 시기와 질투, 공격성에 사로잡혀 둘째와 싸우는 바람에 부모의 총애를 잃고 권좌에서 밀려나는 길을 재촉한다."

아들러는 심지어 감각기관들의 기능도 사회적 맥락에서 이해했다. "감각기관이 불완전한 아이는 타인들과 더불어 살아가는 방법들에 제한을 받는다."

인간이 직면하는 중요한 문제들은 모두 사회적 성격을 띤다. "유치원에 다니는 일부터 경영 관리까지, 학교 동창과의 관계부터 결혼생활까지 우리가 삶에서 해야 하는 모든 적응 행위는 직접적으로든 간접적으로든 사회적 행동임을 인식해야 한다. 우리는 아주 어릴 때부터 주로 사회적 혹은 반사회적인 방식으로 새로운 사고와 사건들을 접하기 때문에 적응 행위는 중립적이 될 수 없다. 예를 들어 한 소년이 주변 사람들이 아프거나 죽는 경험을 통해 두려움을 품게 되었다고 가정해보자. 그는 의사가 되어 죽음과 싸우기로 결심함으로써 이러한 두려움을 완화시킬 수 있다. 이 결심은 다른 사람을 매장할 무덤을 파는 일꾼이 되겠다는 결정보다는 더 사회적인 생각이다. 나는 한 소년이 똑같은 상황에서 실제로 이런 반응을 보인 경우가 있었다."

5. 공동체 감성

유기체적, 총체적 관점에서 보면 인간이 사회 및 사회 규범과 불가피한 갈등관계에 있다고 보이지 않는다. 그러한 갈등 자체를 부인하는 게 아니라 불가피성을 부인하는 것이다. 사회라는 개념 자체는 추상적이다. 구체적인 현실에서는 오로지 개인 및 이들이 함께 원활하게 살아가려고 만든 규칙들만 존재한다. 모든 사람은 이 "게임의 규칙"을 이해할 수 있고 다른 개인이 맞닥뜨려 "사회"의 일부분을 이루게 될 것들에 기여할 능력이 있다. 인간 본성에는 "사회적으로 긍정적인 행동을 할 수 있는 가능성이 포함되어 있다."

"인간은 존재 자체를 위해 높은 수준의 협력과 사회 문화를 필요로 하기 때문에 자발적인 사회적 노력이 요구된다. 교육의 주된 목표가 바로 이러한 노력을 불러일으키는 것이다. 공동체 감성(사회 연대 감성)은 타고나는 게 아니라 의식적으로 발달시켜야 하는 잠재력이다." 공동체 감성을 가리키는 독일어는 Gemeinschaftsgefühl이며, 이는 social interest(사회적 관심, 타자에 대한 관심)로 번역된다.

공동체 감성은 이기적 동기와 대조되는 타고난 이타적 동기가 아니다. 이는 전체론과는 이질적인 동기 이원론이 될 것이다. 공동체 감성은 교육을 통해 의식적으로 발달되어야 하는 인지 기능이지만, 타이핑이나 스키 타기와 같은 능력처럼 이차적인 동기 속성을 얻을 수도 있다. 사람은 자신이 잘할 수 있는 일을 하는 걸 좋아하기 때문이다.

오늘날 '공동체 감성', 달리 말해 '사회적 감성(감각)'이나 '사회적 관심' 혹은 '사회적 공감능력'이라는 개념은 아들러가 이뤄낸 가장 중요한 '타자공헌'들 중 하나로 인정받는다. 공동체 감성은 이 개념이 없는 다른 이론들로는 설명하기 어려운 긍정적인 정신 건강을 정의하는 데 특히 중요하다.

C. 정신 건강, 신경증, 심리치료 이론

1. 정신 건강

긍정적인 정신 건강에 대한 정의는 지금도 광범위한 논의가 이뤄지는 문제이지만, 아들러는 널리 도움이 될 대답을 마련해야 할 필요성을 인식했다. 아들러는 전반적으로 정신적 장애를 "병"으로 설명하지는 않았지만 이것이 잘못된 삶의 방식, 라이프스타일임을 보여주었다. 그는 잘못된 라이프스타일을 지닌 사람들을 "실패자"라고 불렀다. 따라서 정신이 건강하다는 것은 단지 병이 없는 상태만으로는 안 되며, 삶의 방식에 결함이 적어야 한다. 아들러의 치료활동의 목적은 "큰 오류를 작은 오류로 비꾸는 것이다. (…) 큰 오류는 신경증을 일으킬 수 있지만 작은 오류를 범하면 거의 정상적인 사람이 될 수 있다."

아들러는 올바른 삶의 방식이 무엇인지에 대해 절대적인 답을 가지고 있지 않았기 때문에 자신이 하는 치료의 목적을 이렇게 온건하게 표현했다. 우리는 아직도 그 답을 모르며, 삶의 의미에 절대적인 답이 없는 것처럼 아마 앞으로도 이 답을 알지 못할 것이다.

한편으로는 올바른 삶의 정의를 내려야 하고 다른 한편으로는 절대적인 답을 내놓기가 힘든 딜레마에 처한 아들러는 실용적인 대답에 의지했다. 아들러는 정신적으로 건강하다고 말할 수 있는 사람들이 정신적으로 "아프다"고 할 만한 사람들보다 장기적으로 넓은 의미에서 사회적으로 더 유용한 삶을 살았던 사실을 관찰했고, 그리하여 사회적 유용성을 정신 건강의 기준으로 삼았다.

"유용하다는 것은 전반적으로 인류에게 이익이 된다는 뜻이다. 어떤 행동의 가치를 가장 합리적으로 평가하는 기준은 현재와 미래의 인류 전체에 도움이 되는가의 여부다. 이 기준은 당장 삶을 유지하는 데 도움이 되는 행동뿐만 아니라 종교, 과학, 예술과 같은 더 고차원적인 활동에도 적용된다." 이러한 노력의 건전성은, 자기중심적 목표는 제한적이고 불안정한 반면 자기 초월적이고 유용한 목표에는 가능한 최대의 타당성이 있기 마련이라는 세상의 이치에 따라 결정된다. 그런 유용성은 잘 발달된 공동체 감성 혹은 사회적 관심의 소산이다. "공동체 감성이 증폭되었을 때의 가치는 아무리 강조해도 지나치지 않다. 지성은 공동체적인 기능을 갖고 있기 때문에 정신을 성장시킬 수 있다. 자신이 가치 있고 유용한 사람이라는 느낌이 높아져 용기와 낙관주의가 생기고 우리 운명의 유리한 점과 불리한 점을 인정하게 된다. 사람은 타자에게 공헌을 하고, 사적인 열등감에 시달리는 대신 공통된 열등감을 극복하고 있는 동안에는 삶을 편안하게 생각하며 자신이 가치 있는 존재라고 느낀다. 윤리적 가치뿐만 아니라 아름다움에 대한 올바른 태도, 아름다운 것과 추한 것에 대한 최상의 이해는 항상 가장 진실한 공동체 감성을 토대로 세워지는 것이다."

다음 구절도 비슷한 의미다. "그는 용기, 낙관적 태도, 상식을 갖추고 있고 지구상에서의 삶을 편안하게 느끼기 때문에 유리한 상황과 불리한 상황을 똑같이 확고한 태도로 직면할 수 있다. 그의 우월성의 목표는 인류에 기여하고 창의력으로 어려움을 극복하겠다는 생각과 맥락을 같이한다." 여기서 아들러는 사회적 관심을 발달시켜 "사회적 삶에 대한 준비를 잘 갖춘" 개인의 삶의 방식이 지닌 특징을 이야기한다. 또한 그런 사람은 "상대에게 충실하고 사회에 책임감 있게 모든 사랑 문제를 해결할 것이다."

2. 신경증적 라이프스타일

반면 신경증적 라이프스타일은 본질적으로 응석받이의 것이다. 그런 사람은 세상에 기여하지 않고 오히려 타자에게 기댄다. 자신의 행동에 책임지려 하지 않고 다른 요인들이나 타인에게 책임을 떠넘길 것이다.

"신경증적 라이프스타일을 연구할 때는 이 증상들이 누구를 겨냥하고 있는지 알아차려야 하고 환자의 병으로 가장 고통받는 사람이 누구인지에 주목해야 한다. 그 대상은 보통 가족 중 한 명이며 이성일 때도 있다. 하지만 사회 전체에 대한 공격으로 병이 나타나는 경우도 있다. 신경증에는 이렇게 항상 비난이 감춰져 있고 환자는 자신의 권리(관심의 중심이 될 권리)를 박탈당한 것처럼 느끼며 다른 사람을 탓하고 책임을 지우고 싶어한다. 문제아와 신경증 환자들은 이처럼 복수와 비난을 감추고 있거나 사회적 행동을 배제하고 규칙과 사람들에 맞서 싸움으로써 불만을 약간 누그러뜨린다."

준비가 되지 않은 상태에서 사회, 일, 사랑이라는 일반적인 삶의 과제들을 직면하는 데서 불만이 나온다. 이 과제들을 만족스럽게 해결하려면 협력과 공동체 감성이 필요하다. "응석받이 라이프스타일로 자란 신경증 환자는 모두 사회적 가치가 있는 일을 한 '뒤'가 아니라 하기 '전'에 칭찬받기를 기대한다. 그래서 일의 자연스러운 흐름이 자신에게 유리하게 바뀌길 기대하는 것이다." 이런 사람들은 "주지는 않고 받기만" 원하며 "모든 걸 공짜로 얻길" 바라고 "모 아니면 도"라는 신조에 따라 산다. 그 결과 대개는 아무것도 얻지 못한다.

곤경에 처하면 신경증이 공공연하게 발현되며 환자는 장애 증상들을 보인다. 이 증상들은 환자의 자존감을 보호하고 자신과 타자에게 그의 실패에 대한 변명거리를 제공한다. 동시에 이 증상들은 자신에게 충분히 잘해주지 않았다고 여겨지는 사람들에 대한 숨은 비난이기도 하다. "신경증은 예외 없이 환자에게 안도감을 주기도 하는데, 객관적이고 상식적인 게 아니라 자신만의 논리에 따른 안도감이다. 신경증은 패배에 대한 두려움을 떨치게 해주거나 적어도 완화시켜주기 때문이다. 이렇듯 신경증은 겁쟁이들의 무기이며, 약한 사람들이 가장 많이 사용하는 무기다." "모든 신경증의 문제는 환자가 현실의 요구들을 왜곡하고 부인하는 행동, 사고, 지각 양식을 힘겹게 붙잡고 있다는 데 있다."

신경증에 대한 이러한 설명은 가혹해 보일 수도 있다. 하지만 아들러는 다음과 같이 중요한 단정적인 진술도 했다. "모든 신경증 환자는 부분적으로는 옳다." 이 말은 신경증 환자들은 자신의 행동에 대한 "타당한" 이유를 갖고 있다는 뜻이다. 다만 충분한 이유가 아닐 뿐이다. 신경증 환자들은 일반적으로 기관 열등성organ inferiority(신체적 장애)에 시달리거나 응석받이이거나 천덕꾸러기로 자랐다. 아들러가 이후의 저작에서 서술했듯이, 이 세 가지 상황은 모두 제멋대로 굴고 세상에 기여하지 않는 라이프스타일의 발달에 한몫한다. "이 세 유형의 아동들에게서 우리는 전형적인 세 가지 열등감을 만난다. 이들은 모두 사회적 접촉을 줄이고 점점 더 좁은 관심 영역으로 자신을 고립시키는 경향을 나타낸다."

요점은 이런 상황들이 개인을 잘못된 라이프스타일로 이끈다는 것이다. 사례를 살펴보면 다음과 같은 결론에 이르게 된다. 환자가 처한 상황과 삶에 대한 해석이 원래부터 잘못되었다는 점을 감안하면 그는 아주 타당하게 행동하고 있다. 우리도 같은 전제에서라면 같은 방식으로 행동했을 것이다. 따라서 우리는 신경증 환자에게 공감하고 동감할 수 있으며 변화 가능성에 대한 희망을 잃지 말아야 한다.

3. 심리치료

건강한 정신이 사회 일반의 이익에 도움이 되는 우월성이나 성공의 목표를 향한 노력이고 정신 장애는 보편적 타당성이 없는 목표를 향한 잘못된 노력이라면 심리치료의 과제는 환자가 좀더 유용한 목적을 향해 노력하게끔 새로운 방향을 제시하는 것이 된다. 환자가 치료 전문가를 찾아오는 건 그가 현재 직면한 특정한 삶의 상황에서 막다른 골목에 부딪혔기 때문이다. "우리는 더 심오한 동기, 그리고 이러한 결과들의 기저를 이루는 라이프스타일을 변화시켜야 한다." 그 결과는 인지적 재편성이다.

우리가 살펴본 것처럼, 잘못된 목표는 공동체 감성이 충분히 발달되지 않고 열등감이 높아진 데서 생겨난다. 따라서 환자를 격려하고 공동체 감성을 강화시키는 일이 심리치료사의 과제다. 그러려면 심리치료사 자신이 먼저 환자에게 진지한 사회적 관심을 기울여야 한다. 따라서 심리치료는 환자와 거리를 두는 기술을 거부하며 사람과 사람 간의 진지한 관계를 추구한다.

"친근하게 환자의 관심을 끌고 수용적인 마음 상태가 되도록 달래야 한다. 의사나 심리학자의 과제는 환자가 동료 인간과 접촉하는 경험을 하고 이렇게 일깨워진 공동체 감성을 타자에게로 옮겨갈 수 있도록 하는 것이다. 환자의 호의를 얻어 이를 그의 주변 환경으로 옮겨가도록 하는 이 방법은 어머니의 역할과 매우 유사하다. 어머니의 사회적 임무는 자녀에게 사회를 이해시키는 것이다. 어머니가 이 역할에 실패하면 이 임무는 훨씬 뒤에 의사에게 맡겨지는데, 의사는 이 과제를 수행하는 데 상당히 불리한 입장에 있다. 어머니는 자녀와의 신체적, 정신적 관계에서 엄청나게 유리한 위치를 점하고 있다. 그녀는 아이가 가장 큰 사랑과 유대감을 경험하는 존재다. (…) 아이가 인간의 유대감을 최대한 완벽히 경험하게 하고, 이를 타자에 대한 삶의 태도로 확장시키도록 하는 것이 어머니가 맡은 이중의 역할이다."

"프로이트 학파들이 전이transference라고 부르는 개념은(우리가 이를 성적인 의미와 별개로 논의할 수 있다면) 단순히 사회적 감정을 말한다." "다른 정신의학 학파들이 신경증을 성공적으로 치료했다는 것을 부정하는 건 결코 아니다. 하지만 우리 경험에서 보건대 그들의 방법은 환자가 의사와 좋은 인간관계를 맺고 무엇보다 환자에게 용기를 주는 방법을 썼을 때보다는 덜 성공적이다."

심리치료사의 과제는 "환자가 자신이 무엇을 하고 있는지 깨닫게 하고 자기중심적인 관심을 사회적인 생활과 유용한 활동으로 옮겨갈 수 있도록 돕는 것이다." 다시 말해 환자가 자신만의 판단으로 "지금까지 철통같이 비밀로 지켜오던" 자기중심적 목표를 이해하는 것이 치유의 관건이다.

하지만 아들러가 (환자에 대한) 이해에만 의존해 치료를 한 것은 아니다. 그는 생활환경을 바꾸는 환경요법milieu therapy이나 오늘날 흔히 말하는 정신장애자의 사회적 기능을 개선하고 사회에 복귀시키는 것에 주안을 둔 사회요법social therapy처럼 이해가 빠진 치료법의 효과에 관해서도 이야기했다. "병이 가벼운 경우, 갖가지 증상을 나타내던 환자가 그 자신이나 의사가 그 증상들의 일관된 특성을 파악하기도 전에 증상이 사라질 수도 있다. 환자의 상황에 우호적인 변화가 생겼을 때, 또는 의사가 환자를 격려하거나 우연히 타자에 대한 환자의 관심을 회복시켰을 때 이런 일이 일어난다."

D. 아들러에 관하여

알프레트 아들러는 1870년 2월 7일 빈에서 태어나 삶의 대부분을 그곳에서 보냈다. 그는 젊은 의사 시절에도 자신의 의학적 지식을 사회 문제와 교육 문제에 적용했다. 1902년에 프로이트가 자택에서 여는 토론회에 아들러와 다른 세 사람을 초대했다. 이 모임이 빈 정신분석학회로 발전했다. 1910년에 아들러는 이 학회의 회장이 되었고, 학회지의 공동 편집자로 활동했다. 그러나 1911년에 아들러와 프로이트는 서로의 견해가 더 이상 조화를 이룰 수 없음을 알게 되었다. 아들러는 개인심리학학회를 결성하고 학회지를 만들었다. 그의 학회는 유럽 전역에 34개의 지부가 생겨날 정도로 확장되었고, 특히 독일에서 많은 논의가 이루어졌다.

아들러는 심리학적 통찰력을 실질적으로 적용해야 할 필요성을 절감했기 때문에 광범위한 강연 활동을 펼쳤고, 빈에 최초의 아동 상담소를 열었다. 1926년부터 미국을 정기적으로 방문하다가 1935년에 미국에 정착했다. 아들러는 강연 여행 중이던 1937년 5월 28일에 스코틀랜드에서 갑작스런 죽음을 맞았다. 사망 당시 그는 뉴욕주립대 다운스테이트 의학센터의 전신인 롱아일랜드 의과대학에서 임상 환자의 심리와 대인관계 문제를 다루는 의학적 심리학(인간의 정신 현상을 이해하고 치료하는 데 있어 심리학과 의학의 관점을 종합하여 해설하는 심리학) 교수로 재직 중이었다.

비공식적 담화와 강연은 아들러가 좋아했던 소통 방법이다. 그는 전문가와 학생뿐 아니라 비전문가들에게도 강연을 했다. 100편이 넘는 주요 논문을 썼는데, 그의 저서들과 마찬가지로 이 논문들은 대부분 강의록을 바탕으로 집필되었다.

아들러는 민주적이고 친근하며 친절한 사람이었고, 원예를 비롯해 비공식적 친교와 음악, 예술을 사랑했다. 결혼하여 네 명의 아이를 두었는데, 그중 두 명은 부친의 뒤를 이어 현재 뉴욕에서 정신과 의사로 일하고 있다.

정력적이었던 아들러는 일에서 뛰어난 역량을 발휘하는 동시에 삶을 즐겼다. 『왜 신경증에 걸릴까』의 편집자로 아들러를 잘 알고 있던 필리프 메레는 그에 대해 이렇게 평한다. "나를 비롯해 그를 만나본 사람들은 아들러가 위대한 인물이라고 느꼈다. 프로이트나 융만큼 폭넓고 깊은 교양의 소유자는 아니었지만, 자신의 목표와 관련된 분야는 매우 심도 있게 알고 있었다. 무엇보다 아들러는 인간 본성을 매우 심오하게 파악하고 있었다. 그는 다른 위대한 정신 치료 의사들보다 더 도덕주의자이지만 도덕적 신랄함은 없었다. 현역 의사로 심리학에 입문한 아들러는 사람들의 장애를 치료하거나, 부분적 불치일 경우 보상받을 수 있도록 도와주고 싶어했다. 프로이트나 융이 일부 어떤 면에서는 더 위대하고 아들러와 달리 저술에 뛰어났지만, 나는 환자를 진단하는 시선은 아들러가 이 두 사람보다 더 예리했다고 생각한다. 아들러는 놀라울 정도로 즉흥적이었고, 가장 훌륭했던 강의 대부분이 사전 준비 없이 이루어졌다.[6]

E. 이 책에 관하여

1. 출판 과정

이 책은 아들러가 영어로 했던 강연들을 옮겨 실은 것이다. 1928년에 메레는 아들러의 강연을 책으로 엮어낼 계획으로 강의록과 보고서 한 뭉치를 받았다. 메레는 이 일의 적임자였다. 그는 철학과 심리학에 관심이 많았고 나중에 사회 문제, 문학, 예술 논평지인 『뉴잉글리시 위클리』의 편집자로 일했으며 수많은 책을 번역하거나 편집했다. 뿐만 아니라 아들러가 런던에서 했던 강연에 여러 차례

참석했고 이미 아들러 심리학을 다룬 소책자를 출간한 바 있었다.[7]

다음은 이 강의록과 보고서들에 관한 메레의 글이다. "이들 중 일부는 아들러가 직접 쓴 강연 원고이고 나머지는 내가 기억하기로 강연을 들었던 열렬한 지지자들이 속기하거나 기록한 보고서들이다. 아들러가 당시에 이미 미국에서 강연을 하고 있었는지는 정확히 기억나지 않는데, 내 생각으로는 그때까지 그가 미국에 한 번 갔던 것으로 보인다.[8] 따라서 이 강의록들은 런던에서 의학학회나 심리학학회를 대상으로 했던 강연들에서 나온 것일 수 있다. 어쨌든 이 강의록들은 모두 영어로 되어 있었고, 아들러는 영어를 유창하게 했지만 출판에 적당한 형태는 아니었다. 나는 이 강의록들을 책으로 엮는 작업에 착수해 『왜 신경증에 걸릴까』를 출간했다."

"편집자로서 나는 내게 맡겨진 자료 전체를 아들러가 만족스러워하도록 사실상 전부 다시 작업해야 했다. 작업이 반쯤 진행되었을 무렵 아들러는 그때까지의 결과물을 살펴보고는 내게 '우리의 의미를 자세히 설명하거나 확장하는 걸 두려워하지 마십시오'라고 말했다. 나는 이 말에 으쓱했지만, '주석을 달아도 된다'는 그의 허락을 많이 이용하지는 않았다. 전혀 안 한 것은 아니지만. 그렇지만 나는 종종 불충분한 기록들을 상당 부분 해석해내야만 했다. 아들러가 내 최종 원고를 수정한 기억은 나지 않는다.[9]"

메레가 처음 받았던 원고들이 체계적이지 않았다는 것은 초판에 각 장의 제목이 없었다는 점에서도 드러난다. 제목 대신 각 장의 서두에는 다소 일관성 없는 대략 12개 정도의 부제가 붙어 있었다. 이 책에서는 이 부제들 중 각 장의 특징을 가장 잘 나타낸다고 여겨지는 것으로 제목을 바꾸었다. 하지만 어떤 장도 제목이 가리키는 내용만이 전부는 아니며 장들 간에 중복되는 부분도 상당하다.

또한 더욱 유익한 책이 될 수 있도록, 적어도 한 페이지 넘게 다루어진 사례들(총 37건)은 구분하여 알아보기 쉽게 제목을 붙였다.

6장 감정의 신경증적 이용,[10] 7장 가족 내 출생 순서,[11] 8장 최초의 기억. 이 세 장은 이전에 여러 차례 다른 제목들로 전재된 적이 있다. 이 중 8장은 두 번 실렸다.[12] 8, 9장의 내용은 성격 판단 personality appraisal에 아들러가 방법론적으로 가장 중요하게 기여한 부분들이며 최근 들어 상당한 명성을 얻었다. 한편 아들러가 성격 판단에 기여한 세 번째 부분인 꿈의 해석 이론은 이 책 10장에서 간략하게만 다룬다.

2. 오늘날에 갖는 의미

임상 심리치료 사례들을 쉽게 설명한다는 것이 이 책의 가장 두드러진 특징이다. 소개된 사례들은 사소해 보일 수도 있다. 어둡고 복잡한 운명의 희생자가 되는 극적인 주인공은 등장하지 않기 때문이다. 하지만 아들러는 신경증 환자들이 스스로를 비극적 영웅이라고 여기는 것을 좋아한다는 사실을 보여준다. 다른 심리학자들은 더욱 극적인 사례들을 제시할 수도 있을 것이다. 이들은 비전문가나 환자들과 마찬가지로 무의식적이고 불가사의하며 신비로운 내면의 힘에 환자가 불운한 희생자가 된다고 가정하기 때문이다. 극에는 주인공과 적대자가 존재해야 하는데, 이들은 상충되는 모든 힘이 한 개인 안에 있다고 가정하고 이 조건을 충족시킨다.

개인이 통일된 자아이고 스스로 세운 목표를 지향한다고 가정하면 이 극적인 특성은 사라진다. 이 경우, 환자가 인식하지 못한 라이프스타일의 오류를 보여주어야만 그의 병력을 파악할 수 있다. 그러면 비극적 요소가 더해질지는 모르지만 극적인 면은 없다. 뿐만 아니라 오류의 성격 자체도 사례들을 사소해 보이게 만든다. 자기중심적이고 사회적으로 무익한 목표에서 오류가 발견되기 때문이다.

이러한 접근 방식이 극적인 접근 방식 못지않은 성공을 거두고 그 반대를 입증하는 증거가 없다면 이 방식을 선호해야 한다. 절약 원리에 따르면, 두 이론이 같은 주장을 할 경우 둘 중 더 간단한 쪽을 선호하게 된다. 더 쉽게 증명할 수 있기 때문이다.

오늘날 학자들이 안고 있는 문제는 전문용어들로 중무장해 사례들을 온통 이런 용어로만 표현한다는 데 있다. 그리하여 각 사례의 독특성을 구체적인 삶을 통해 이해하기 어렵게 만드는 한편, 개인을 구성한다고 생각하는 충동, 욕구, 기제, 발달 단계들을 "증명"하고 "전문적"으로 보이게 하는 데서 만족을 얻는다. 그들은 이런 충동, 욕구, 기제, 발달 단계들이 삶의 현실이 아닌 만들어진 것, 즉 추상적인 개념임을 알지 못한다. 이런 학자들은 기껏해야 개인 문제를 도와주는 도구에 불과하고, 최악의 경우에는 현실을 고려하면 그 사례가 절망적이라고 선언할 수도 있다. 그들은 최상의 사례 연구란 개인이 자신의 문제에 대안적인 접근 방식을 취할 수 있도록 그의 고유 환경, 그가 길을 잃게 된 독특한 상황을 이해하게 해줄 그 사람만의 일관된 모형을 개발하는 것임을 충분히 인식하지 못한다.

아들러는 자신의 환자에게 사례를 직접적이고 적절하며 쉽게 해석해주는 데 대가였다. 엄밀하게 말하면, 이는 개성 기술記述적, 현상학적, 자연사적 접근 방식이며 아들러의 이론에서 세운 비교적 소수의 기본 가설로 깊이가 더해진다.

이런 점들을 고려하면, 이 사례 자료들과 여기서 도출되는 이론은 임상심리학, 교육, 심리치료, 사회복지, 그리고 개인을 이해하고 돕는 일과 관련된 모든 분야 연구자들의 전반적인 훈련에 특히 도움이 될 것이라 생각된다.

하인츠 L. 안스바허 버몬트대에서

1964년 5월 1일

CONTENTS

ADLER
CLASSIC
1

1장 무익한 우월성의 목표

결정을 내리길 두려워하는 소년
심장 이상 증상이 동반된 광장공포증
고층건물에 대한 두려움
강박관념에 시달리는 여성

ADLER
CLASSIC
1

모든 신경증의 문제는 환자가 현실의 요구들을 왜곡하고 부인하는 행동, 사고, 지각 양식을 힘겹게 붙잡고 있다는 데 있다. 대개의 사람은 이러한 삶의 방식이 붕괴 직전에 이를 만큼 어려움에 처했을 때에야 환자를 의사에게 데려온다. 의사의 임무는 이 삶의 방식을 바로잡을 알맞은 방법을 찾는 것이다. 따라서 환자와 의사에게 주어진 공통된 과제이자 서로의 협력에 토대가 되는 일은 환자가 지닌 오류의 본질을 이해하는 것이다. 이를 위해서는 환자의 중요한 개인사의 결정적인 단계를 정확히 파악해야 할 뿐만 아니라 그 개인사의 동적인 통일성이 우월성을 지속적으로 추구해온 것임을 인식해야 한다.

개인심리학 연구에서 분명하게 입증했듯이 개인의 우월성 목표는 모든 신경증에서 결정적인 요소이지만, 목표 그 자체는 항상 실제로 경험한 열등감에서 비롯되며 그것에 좌우된다. 의사는 무엇보다 열등감의 '진짜' 원인을 확인하려는 접근 방식을 취해야 한다. 정도의 차이는 있지만 환자들은 각자의 방식대로 이 진짜 원인을 스스로에게 감춘다. 열등감은 일반적으로 나약함의 표시이자 부끄러운 것으로 여겨지기 때문에 자연히 이를 감추려는 경향이 강하다. 실제로 열등감을 감추는 데 전전긍긍하다보니 본인도 열등감의 결과들과 이를 감추는 데 필요한 모든 외적인 세부 사항에 전적으로 사로잡혀 자신의 열등감을 더 이상 자각하지 않게 될 수도 있다. 인간은 이 작업을 위해 온 정신을 매우 효과적으로 훈련하고, 끊임없이 아래에서 위로(즉 열등감에서 우월감으로) 흐르는 전체적인 정신생활이 무의식적으로 일어나기에 본인도 스스로의 열등감을 눈치 채지 못하게 될 수 있는 것이다.

따라서 누군가에게 열등감이 있는지 물어봤을 때 흔히 부정적인 대답을 듣는 것은 놀라운 일이 아니다. 이렇게 대놓고 핵심을 찌르는 것보다 그 사람의 정신적, 심리적 동태를 관찰하는 편이 낫다. 이를 관찰하면 그 사람의 태도와 개인적인 목적을 항상 파악할 수 있기 때문이다. 이를 통해 우리는 사람들이 정도의 차이는 있을지라도 누구나 열등감을 느끼며 그에 대한 보상으로 우월성의 목표를 향해 노력한다는 것을 곧 알 수 있다. 그러한 보편적 감정 자체를 옳다 그르다 판정할 수는 없다. 열등감의 의미와 가치는 전적으로 이 감정이 어떻게 사용되는지에 달려 있다. 개인심리학의 가장 중요한 발견은 열등감이 삶의 유용한 면을 지속시키는 자극제로 이용될 수 있다는 것이다.

이런 전반적인 소견은 열일곱 살 된 한 소년의 사례와 딱 들어맞는다. 둘째 아이로 태어난 이 소년은 불안에 시달리고 어려움에 부딪히면 극도로 화를 내는 증세를 보여 나한테로 오게 되었다. 소년은 가끔 동급생들과 함께 산에 올랐는데 그럴 때면 배탈과 설사가 났다. 소년의 어머니는 지적인 여성으로 둘째 아들을 좋아했지만 말썽을 덜 일으키는 형을 더 좋아하는 것처럼 보였다. 형은 소년보다 힘이 훨씬 더 세고 키도 컸으며 운동을 잘했다. 아버지는 유능한 사람이었고 소년은 아버지를 매우 존경했다.

소년은 어떤 결정을 내리는 걸 두려워했다. 열등감이 지나치게 강해 자기 자신을 믿을 수 없기 때문이었다. 하지만 이런 감정이 스스로 제어할 수 있는 원인 때문에 나타난다는 점을 인정하지 않으려 했다. 소년은 자신이 태어날 때부터 이런 성격이었고 타고난 본성은 자기 책임이 아니라고 주장했다.

이 환자는 삶에 대해 주저하는 태도를 보였다. 문제에 직면하면 항상 난색을 표했다. 소년은 이렇게 "꾸물거리긴" 했지만 완전히 포기하지는 않았다. 소년은 학교에서 매우 우수한 학생이었지만 이 장점마저 잃게 될까봐 늘 두려워했고 고등학교를 졸업할 때까지도 진로에 대해 결정을 내리지 못했다. 소년에게는 친구가 없었다. 여자를 좋아하지 않았고 성적 경험을 두려워했다. 소년은 자신이 겪는 어려움 중 일부는 자위행위와 몽정에서 비롯된다고 믿었다. 이 모든 특징은 전형적인 우유부단함과 인생의 세 가지 과제인 사회(대인관계), 직업(일), 사랑과 관련된 자신감의 부족을 보여준다. 소년은 세 과제 전부에 대해 대답을 피하거나 미루었다. 이런저런 문제들을 탓하며 자신이 부족하다는 느낌을 숨겼고 그렇게 자신의 가치를 스스로에게 확신시키고 납득시켰다. 하지만 이 환자가 어려움을 겪으면서도 계속 앞으로 나아갔다는 점이 주목할 만하다. 소년은 공부를 잘했고 등산도 했다. 말이 나왔으니 말인데, 등산은 자신에게 버거운 삶의 짐이 지워졌다고 느끼는 사람들이 스스로에게 우월감을 불어넣는 흔한 장치다. 우월감이라는 유리한 위치에서 삶의 어려움들을 검토하고 강조하는 것은 이 어려움들을 극복했다고 자랑할 수 있는 차선책이다. 이 환자가 자신의 나약함을 천성과 자위행위, 특히 유전적인 결함 탓으로 돌린 것은 열등감으로부터 도망치기 위해서였다.

교육이나 심리학 이론과 실천에서 유전 이론을 강조해서는 안 된다. 저능아와 선천적인 백치만 아니라면 누구든 필요한 모든 일을 할 수 있다고 가정하는 것이 옳다. 물론 유전적 형질의 차이를 부정하려는 것은 아니며, 여기서 중요한 점은 그런 유전적 특징을 어떻게 활용하느냐이다. 그렇기에 교육은 중요하다. 바른 교육은 갖가지 능력과 장애를 물려받은 개인을 발달시키는 방법이다. 용기를 가지고 훈련을 함으로써 장애를 보완하고 심지어 이를 뛰어난 능력으로 발달시킬 수도 있다. 올바로 대응한다면 장애는 더 높은 성취를 향해 나아가도록 하는 자극제가 된다. 삶에서 뛰어난 성공을 거둔 사람들이 처음에는 종종 장애와 극심한 열등감에 시달렸다는 사실도 더 이상 놀라운 일이 아니다. 반면 자신이 유전적 결함과 장애의 피해자라는 생각으로 절망감에 빠져 노력을 게을리한 나머지 발달이 영영 지체된 사람도 볼 수 있다.

교사들은 자신들이 사용하는 방법이 비효율적인 데 대한 책임을 면하기 위해 유전적 요소들의 해악을 과장한다. 아인하르트가 쓴 샤를마뉴 대제의 전기를 읽어보면 흥미롭게도 이 위대한 황제가 읽고 쓰는 법을 배우지 못했다는 사실을 알 수 있다. 순전히 그런 일들에 재능이 없었기 때문이다! 지금은 교수법의 발달로 인해 정상아가 읽고 쓰기를 배우지 못하는 경우는 없다. 이외에도 수많은 사례로 보건대 작가나 교사, 부모들은 교육으로 잘못을 바로잡을 방법을 찾지 못할 때마다 유전적인 결함을 탓하는 것 같다. 이런 식으로 고착된 불합리한 통념은 범죄자, 신경증 환자, 정신병자를 치료할 때는 물론이거니와 교육과 "문제아"들을 다루는 데 있어서도 가장 흔히 마주치는 최고의 장애물 중 하나다. 하지만 이런 병들을 치료하기 위해 개인심리학이 내린 유일하게 합리적인 가정은 모든 사람이 똑같은 인생의 과제를 해결할 수 있다는 것이다. 결과가 같거나 같을 수 있다는 뜻은 아니다. 훈련과 방법, 무엇보다도 각 개인이 보여주는 용기의 정도가 똑같지 않다는 점을 당연히 고려해야 하기 때문이다.

앞서 논의하던 사례로 돌아가보자. 아버지가 유능하다는 사실은 이 소년이 삶에서 스스로가 성공할 수 없다고 느끼게 된 또 다른 원인이었다. 뛰어난 사람들의 자녀가 종종 성공을 거두지 못한다는 사실은 잘 알려져 있다. 이들은 자신이 아버지만큼 높은 자리를 차지할 수 없을 거라 느끼고 어떤 일도 진지하게 시도하지 않는다. 이 환자의 경우에는 형 또한 뛰어났기 때문에 가족 안에서 우월해지겠다는 목표와는 더욱 멀어졌다. 소년은 자신이 가망이 없을 정도로 뒤처졌다고 느꼈다. 소년에게 생긴 신경증은 이러한 열등성을 인식하는 고통으로부터 자신을 보호하기 위한 방책이었다. 소년은 "내가 불안을 느끼지 않으면, 내가 병을 앓지 않으면 다른 사람들만큼 성공해야 해. 내 삶이 끔찍한 어려움으로 가득 차 있지 않으면 난 일등이 되어야 해"라는 태도를 택했다. 이런 태도를 지니면 계속해서 우월감을 느낄 수 있다. 병만 아니라면 가능성이 있는 사람으로 여겨져 그의 가치와 중요성을 판단할 수 없게 되기 때문이다. 그의 주요 관심사는 곤경을 찾고 이를 심화시키거나 적어도 자신이 이 곤경의 심각성을 더욱 중대하게 느낄 방법을 발견하는 것이다. 그는 모든 사람이 공통적으로 겪는 가장 일반적인 삶의 어려움들을 주의 깊게 수집하여 계속해서 보여준다. 이런 행동을 하는 것은 타인이 아닌 자기 자신을 이해시키기 위함이지만 자연히 다른 사람들도 그가 진 부담을 염두에 두고 그에게 많은 것을 기대하지 않게 된다. 게다가 어떤 일에 성공을 거둘 경우 널리 알려놓은 핸디캡 때문에 그 성공이 더욱 돋보인다. 따라서 이 핸디캡은 그가 지닌 가장 중요한 자산이 된다. 이 핸디캡 덕분에 그는 다른 사람들보다 더 관대한 기준이 적용되는 특권을 얻는다. 그리고 신경증으로 그 대가를 치른다.

심장 이상 증상이 동반된 광장공포증

35세의 한 남성은 심장 이상 증세가 동반된 광장공포증 형태의 불안신경증을 보였다. 불안신경증은 항상 인생의 세 가지 과제(사회, 일, 사랑)에 대한 자신감 없는 태도를 드러내며, 불안신경증에 시달리는 사람들은 예외 없이 "응석받이"들이다.

이 남성은 다음과 같은 꿈을 꾸었다. "내가 오스트리아와 헝가리 국경 지역을 건너가는데 사람들이 나를 붙잡아 감옥에 집어넣으려 했어요."(말이 나왔으니 말인데, 이런 짧은 꿈은 분석하기에 가장 좋다.) 이 꿈은 그가 계속 나아갈 경우 실패하리라는 두려움 때문에 멈추길 바란다는 것을 보여준다. 이런 해석은 불안신경증에 대한 우리의 이해를 잘 뒷받침해준다. 그는 삶에서 자신의 활동 범위를 제한하길 원하며 시간을 벌기 위해 "제자리걸음"을 하고 싶어한다. 이 남성이 나를 찾아온 이유는 결혼을 하고 싶은데 결혼을 위해 노력하다가도 막상 성사될 가능성이 보이면 그만둬버리기 때문이었다. 결혼 문제를 상담하려고 나를 찾아왔다는 사실 자체가 결혼에 대한 그의 태도를 분명하게 보여준다. 마찬가지로, 이 꿈에는 결혼을 하면 그가 어떻게 행동할지가 반영되어 있다. 꿈에서 그는 자신에게 "국경을 건너지 마!"라고 명령한다. 꿈에 등장한 감옥에도 결혼에 대한 그의 생각이 투영되어 있다. 우리는 꿈에 나타난 그런 이미지들로 종종 스스로를 속인다. 가까운 미래의 문제들을 상황에 대한 논리적 판단이 아니라 자신의 라이프스타일에 맞는 방식으로 다루도록 이미지들을 이용해 자신을 훈련시키는 것이다.

라이프스타일은 유년기의 첫 4~5년 동안 만들어진다. 이 시기가 끝날 즈음 자아가 완전히 발달하고 그리하여 인생에 대한 태도가 정해진다. 이 시기부터는 삶의 문제들에 대해 그 자체의 사실 관계가 아닌 하나의 반사적인 태도로 응답하는데, 우리는 이를 개인의 양식style이라고 부른다. 중심인물이 되고 싶어하거나 과중한 짐을 지려 하거나 강요당하지 않으려 하거나 빼앗기지 않으려 하는 등의 어느 정도 잘못된 적응 방식이 평생 동안 끈질기게 지속되는 것은 이 때문이다.

고층 건물에 대한 두려움

큰 성공을 거둔 40세의 한 남성은 높은 건물에 올라갈 때마다 항상 창밖으로 뛰어내리고 싶은 충동을 느낀다고 호소했다. 그는 언제나 만사가 두렵다고 털어놓았다. 어머니는 여섯 자식 가운데 막내였던 그를 지나치게 응석받이로 키웠다. 얼핏 봐도 이 남성은 자신이 과도한 짐을 지고 있으며 위험에 처해 있다고 생각하고 싶어했다. 살면서 한 번도 건물의 위층으로 올라가지 않을 수는 없다. 하지만 그는 이 과정을 위험한 상황에 처하고 싶은 욕망으로 윤색하고 뛰어내리고 싶다는 충동을 만들어냄으로써 위험한 상황에 빠져 있다고 고집하고 있다.

이 경우와 앞서 인용한 두 사례는 과중한 짐을 지게 된 동기 면에서 우월성의 목표가 유사하다. 하지만 이 남성은 한발 더 나아갔다. 그는 창밖으로 뛰어내리고 싶어한다. 하지만 보시라! 그는 그런 충동을 이겨내고 여전히 살아 있다. 그는 자기 자신보다 강하다.

이 진단을 뒷받침하기 위해 어린 시절에 대한 그의 기억을 살펴보자.

"여섯 살 때 학교에 다니기 시작했어요. 저는 학교에 가는 게 즐겁지 않았어요. 첫날 한 남자애가 저를 공격했어요. 엄청나게 겁이 나고 떨렸죠. 하지만…… 저는 그 애에게 달려들어 넘어뜨렸어요."

이 단편적인 기억을 통해 우리는 이 남성의 라이프스타일을 형성한 두 개의 전형적인 동기를 알 수 있다. 그는 처음에는 떨렸지만 이를 극복했다. "하지만"이라는 짧은 단어에는 그가 열등감을 어떻게 보상하는지에 관한 여러 의미가 담겨 있다.

강박관념에 시달리는 여성

27세의 한 여성이 5년 동안 증상에 시달리다가 나를 찾아왔다. 그녀는 말했다.

"저는 지금까지 수많은 의사를 만났어요. 선생님이 제 삶의 마지막 희망이에요."

나는 대답했다.

"아닙니다. 저는 마지막 희망이 아니에요. 아마도 끝에서 마지막 희망 정도 될 겁니다. 당신을 도울 수 있는 사람들이 또 있을 수 있습니다."

그녀가 한 말은 나에 대한 도전이었다. 그녀는 내게 자신의 병을 고칠 수 없을 것이라고 도발하여 내가 그녀를 치유시켜야겠다는 의무감을 갖도록 하고 있었다. 이것은 타자에게 책임을 떠넘기고 싶어하는 환자들이 보이는 행동이며 응석받이들에게서 흔히 나타난다. 추정하건대, 어린 시절 그녀는 타자의 지속적인 관심을 끌려고 끊임없이 궁리했을 것이며 상대는 아마 어머니였을 것이다. 이런 심증을 확인하려면 추가적인 사실들이 요구된다. 첫 면담에서도 이를 알아낼 수 있는 방법들이 있다.

무익한 우월성의
목표

그런데 내가 여기에 쓴 바대로 그런 도발을 피하는 게 중요하다. 환자는 이 의사가 자신의 "마지막 희망"이라는 생각으로 의욕을 낼지 모르지만 우리는 환자의 마지막 희망이 되는 영예로운 대우를 받아들여서는 안 된다. 그렇게 하면 심각한 실망을 불러오거나 심지어 자살에까지 이르는 길을 닦는 셈일 수 있다.

이 여성은 둘째 아이였는데, 언니가 그녀보다 아름다울 뿐만 아니라 더 똑똑하고 인기도 많았다. 그래서 이 환자의 삶은 경쟁자를 따라잡기 위한 숨 가쁜 달리기 경주와 비슷했다. 언니는 행복한 결혼생활을 했다. 이 환자 역시 잘 자랐고 지적인 면이 특히 발달해 학업 성적은 언니보다 좋았다. 하지만 언니가 훨씬 더 멋지고 매력적이었으며 친구도 더 쉽게 사귀었다. 언니는 삶이 순조롭고 즐거워 자신감이 높았다. 반면 불안감에 시달리던 동생은 다른 사람들에게 맞서 자기주장을 해야 한다고 느꼈으며 우정을 거부했다. 두 여성의 지인들 중 누구도 이들 자매가 서로 왜 이렇게 다른지 근본적인 이유를 알아차리지 못했다. 하지만 다들 이런 차이를 무의식적으로 느꼈다. 그리하여 한 사람에게는 이끌리고 다른 한 사람은 좋지 않게 생각했다.

이 환자는 열네 살 때 사랑에 빠졌는데, 그 때문에 조롱을 당했고 그 이후로 사랑스러운 여성처럼 굴고 싶어하지 않았다. 언니가 결혼하자 동생은 한 유부남과 사랑에 빠졌다. 이런 애정관계 자체를 독단적으로 평가할 수는 없다. 그런 사랑이 잘될지, 아닐지는 아무도 확신하지 못한다. 하지만 우리는 유부남과 사귀는 모든 여성이 불륜이 안고 있는 어려움을 부모나 다른 누구 못지않게 스스로 분명히 알고 있다는 점을 간과해서는 안 된다. 그런 여성들은 스스로에게 "사랑은 이런 거야"라고 말한다. 그런 골치 아픈 사랑을 선택했다는 것은 그녀가 사랑과 결혼 문제를 끝까지 헤쳐 나가길 원하지 않는다는 의심을 살 충분한 근거가 된다. 우리는 이 환자가 사랑이라는 새로운 삶의 과제에 대해 과거에 보여준 것과 같이 주저하며 어정쩡한 태도를 택했음을 알 수 있다. 여기에는 이유가 있었다. 그녀는 언니보다 매력적이지 않았고 첫 번째 연애에서 조롱을 당했다. 경쟁심이 강하고 우월성의 목표에 전념하는 여성은 결혼으로 용기와 자신감을 잃을 위험이 있다. 이런 여성은 대개 결혼을 자신의 우월감을 위협하는 것으로 생각한다. 언니의 행복한 결혼생활이 이런 두려움을 부추겼고, 부모의 불행한 결혼생활과 어머니의 열등함 역시 같은 역할을 했다.

나와 솔직한 대화를 나누던 중 그녀는 사랑과 결혼에 대해 주저하는 태도를 드러냈다. "결혼하더라도 남편은 2주 뒤에 분명히 제 곁을 떠날 거라고 생각해요"라고 말한 것이다. 그리고 내가, 그녀가 이렇게 결혼을 피하는 이유는 깊은 열등감 때문임을 넌지시 비치자 그 말을 취소하려고 애썼다. 하지만 농담으로라도 그런 생각을 드러냈다는 사실만 봐도 그녀의 정신이 그 문제에 온통 사로잡혀 있음을 알 수 있다.

그녀는 사랑하는 남자가 키스를 하려고 해도 달아나고 싶어했다. 이런 식으로 그녀는 사랑과 결혼이 요구하는 것들과 거리를 두었고 신경증적인 우월성의 목표를 위해 모든 걸 희생했다. 그녀가 결혼이라는 삶의 과제에 대해 제시한 답은 "만약 이 남자가 유부남이 아니라면 그와 결혼할 텐데"였다.

"만약"은 신경증이라는 드라마에서 반복적으로 등장하는 주제

무익한 우월성의
목표

다. "만약"은 모든 신경증적 딜레마에서 최후의 수단이며 달아날 수 있는 확실한 방법이다. 도망가려는 이유는 딱 하나, 바로 패배에 대한 두려움이다. 그런데 이것은 모든 이유 중에서 가장 인정하기 어려운 이유이기도 하다. 따라서 이 시점에서 우리는 종종 허구적인 형태의 불안을 발견한다. 환자는 이 불안을 다양하게 해석하지만 절대 사실대로, 즉 패배에 대한 두려움으로 해석하지는 않는다. 광장공포증, 불안신경증, 모든 형태의 공포증이 여기서 비롯되지만 어떤 증상을 보이든 간에 모두 그 이상의 행동을 저지하기 위한 목적을 달성하기 위해서다. 이렇게 하여 환자가 원하는 바, 즉 밉살스런 열등감을 심지어 본인에게도 들키지 않은 채 시련을 피하고 싶어하는 바람을 이루는 것이다. 강박관념, 감정의 격발, 피로, 불면증, 그리고 신경질적인 심장 통증, 두통, 편두통 같은 기능 장애 등 모든 신경증 증상은 이렇듯 열등감을 감추려는 매우 힘든 작업에 수반되는 심각한 긴장으로부터 발생한다.

이러한 긴장이 계속되면 무엇보다 유전적으로 약해 영향을 받기 쉬운 신체 기관에 문제가 생긴다. 그래서 가족 전체가 특정 기관이 약한 경우, 몇몇 사람은 그 기관에 병이 있지만 다른 사람들은 같은 기관에 대해 신경증적 증상에 시달린다. 우리는 이러한 모방을 일으키는 요인들을 간과해서는 안 된다. 그러나 여느 심리학자들과 달리 우리는 신경증적인 우월성의 목표와 연계되는 증상들만 모방된다는 것을 발견했다.

이 환자는 원래 일하던 사무실에서 주도적인 역할을 했고 많은 인정을 받았다. 하지만 그녀는 열등감이 심한 다른 모든 사람과 마찬가지로 그 정도에 만족하지 못하고 항상 더 인정받기 위해 노력했다. 그런데 열아홉 살 때 직장을 옮긴 그녀는 그전에 누리던 존경을 잃고 말았다. 그녀의 사례를 살펴보면 다음과 같은 점을 알아차릴 수 있다.

1. 그녀는 친구를 사귀거나 성공적인 결혼생활을 하는 데 있어 언니와의 경쟁을 단념했다.
2. 그녀는 사랑과 결혼이라는 과제에 대면하길 두려워한다.
3. 그녀는 직장에서 유리한 위치를 잃었다.

한마디로 그녀가 두려워하던 모든 패배가 이제 현실이 된 것이다. 그리하여 그녀의 극심한 열등감은 정당한 것이 되었다. 그녀는 상황을 이런 식으로 추론하지 않았지만 이렇게 느낀다는 것을 분위기로 알 수 있었다.

우리는 또한 그녀가 인생의 과제에서 한 가지 부분, 즉 패배에 대한 두려움에 전형적으로 집중하고 이를 부풀린다는 것도 알 수 있다. 사람은 삶의 유용한 측면에 전념하는 동안 패배의 가능성을 늘 염두에 둔다. 하지만 대개 모든 인간사에는 때때로 실패가 따르기 마련이라고 여기며 패배 가능성을 최소화한다. 그런데 지금 우리가 살펴보고 있는 이 사례에서는 삶의 초점이 패배 가능성에 맞추어져 있다. 이 환자는 자신의 삶 전체를 패배 가능성에 예속시켜버렸다. 청결광狂의 삶이 먼지에 대한 생각을 중심으로 돌아가고 '씻기'라는 지극히 일상적이고 유용한 행위가 지나쳐 자기 몸이나 가구, 바닥, 그 외의 곳에서 끊임없이 먼지를 찾는 지경이 되어 결국 삶에 아무런 의미나 가치가 없는 행동을 하게 돼버리는 것과 마찬가지다.

무익한 우월성의
목표

이렇게 관심의 초점을 잘못 맞추는 일은 신경증의 전형적인 증상이며, 이 여성의 경우 언니를 능가하겠다는 예전의 무익한 삶의 목적이 어떤 패배든 피하겠다는 더욱 좁고 부정적인 목표로 옮아가고 있었다.

신경증 증상은 이처럼 삶의 중요한 기점들에서 발현된다. 패배 가능성이 있을 때마다 멈춰버리는 라이프스타일에서는 달라지는 게 없다. 하지만 이제 사람들은 불가능한 안도감을 얻기 위해 이런 멈추는 태도를 굳혀버린다. 유익한 측면에서 우월성을 입증할 방법이 없는 사람이라면 문제아나 범죄자가 될 수도 있고 자살을 할 수도 있다. 불충분하지만 어느 정도 행동을 하고 희망을 가진 경우라면 병 같은 치명적인 장애물이 자신을 방해하고 있다며 스스로를 속인다. 이들은 특정 증상들을 선택하여 진짜 장애물로 느껴질 때까지 키운다. 이들의 긴장된 상태는 이 같은 초기의 정신적 혹은 신체적 장애를 쉽게 일으킬 수 있다. 라이프스타일과 신체 기관의 선천적인 약점에 따라 증상은 다양하다. 환자는 증상이라는 방어벽 뒤에 숨어 안전함을 느낀다. "당신의 재능을 어디에 이용하고 있습니까?"라고 물어보면 그는 "이 증상 때문에 아무것도 못 하겠어요. 더 앞으로 나갈 수가 없어요"라고 대답하며 스스로가 세운 방어벽을 가리킨다. 우리는 환자가 자신의 증상을 이용하고 있다는 점을 간과해서는 안 된다. 그는 증상을 이런 식으로 이용할 뿐만 아니라 정신병에서 더 자주 볼 수 있듯이 삶의 모든 중요한 문제에 대한 인식을 바꿔버린다.

신경증과 씨름하느라 이미 혹사당했다는 점은 정상참작이 가능한 구실이 될 뿐만 아니라 우월성을 향한 노력을 내면적으로 덜어주는 역할을 하는데, 실제로 자기 자신에 대한 기대가 줄어든다. 그런 자기방어적인 라이프스타일은 사회적 난제들에 압도당하는 모습으로 나타날 수도 있다.

신경증 환자를 이해하는 데는 일단 신경증 증상은 모두 제쳐두고 그의 라이프스타일과 우월성의 목표를 연구하는 것이 가장 좋은 방법이다. 신경증의 발현을 전적으로 제어하는 이 두 가지를 확실하게 파악해야 신경증 자체를 충분히 이해할 수 있다. 이른바 신경증 증상들을 야기하는 것은 실질적이건 가상적이건 패배에 대한 두려움이다. 삶과 관습은 사람을 명백한 합의에 따라 이끌지만, 현실에서 당사자는 극심한 자기 비하에 빠져 삶과 자신을 분리시키고 멈추거나 도망가려고 기를 쓴다. 내 경험에 따르면 정신분열증, 조증, 우울증, 편집증 같은 정신병은 환자가 완전한 패배감을 느끼고 계속 나아가겠다는 희망이 없을 때 나타난다. 인생의 세 가지 과제에 대한 모든 시도를 포기했다는 의미다. 한편 신경증 환자는 이 문제들 가운데 한두 가지를 고려하고자 하지만 새롭고 압도적인 패배에 직면해 무너지고 만다.

내가 설명하고 있는 사례들은 이렇게 불완전하게 멈춘 사람들의 이야기다. 바로 앞에서 검토한 사례의 여성은 직장에서 좌절을 겪기 전까지 겉으로는 꽤 건강해 보였다. 그러다가 삶의 어려움에 더욱 겁을 먹게 되자 문제들을 점점 더 미루고 강박관념이라는 형태로 새로운 우월성을 추구하기 시작했다.

어느 날 그녀는 다른 여성을 위해 야채 바구니를 들고 가다가 가방이 열려 녹슨 동전들이 야채에 떨어진 것을 보고 겁에 질렸다. 자신 때문에 이 여성의 가족 전체가 식중독에 걸릴까봐 두려워한 것이다! 그녀는 또한 외출에서 돌아와 먼지 묻은 손으로 어머니의 성경책을 만져 더럽힐까봐 불안해하는 강박관념에도 시달렸다. 때때로 성경책을 만질 수밖에 없었고 그녀는 성경책을 더럽혔다는 생각이 들 때마다 남몰래 새것을 사다놓았다. 이렇게 새로 산 성경책이 열두 권에 이르렀다. 그녀는 신성을 모독하기 위해 성경책에 이렇듯 지나친 신성함을 부여했던 것이다. 그리고 책임을 면하고자 여기에 돈을 낭비했다. 이런 식으로 그녀는 이해받지 못하는 순교자이자 신성한 물건들을 더럽혀 타락한 영혼이 되었다.

이 여성이 삶에서 품은 유일한 야심이 언니보다 더 눈에 띄는 것이라면 그녀는 그 야심을 실현시키는 방향으로 나아가고 있다. 하지만 이러한 신경증적 목표를 좇다가는 실질적인 패배를 겪기 때문에 이를 포기하고 다른 목표를 세우는 것이 바람직하다. 그녀가 쏟는 노력의 목표는 "언니가 나보다 뛰어나다"는 두려운 판정을 피하는 것이었다.

면밀히 살펴보면 이런 판정을 피하는 것 자체도 우월성의 목표라고 할 수 있다. 사람들과 어울리지 않으면 사회적으로 패배할 수가 없다. 사랑과 결혼을 피하는 동안에는 언니의 행복한 결혼생활을 잣대로 평가받지 않는다. 그녀는 무슨 일이 일어나든 "하지만 그때 나는 강박관념에 완전히 사로잡혀 있었어요"라고 내세울 수 있다. 그녀가 무언가에 사로잡힌 건 분명하다. 시간, 환경, 그리고 신경증으로 망가지지 않은 어떤 논리력이 몰두를 요구하기 때문에 그녀는 이 강박신경증의 무익한 측면에 열심히 매달린다. 그녀의 행동은 사실상 경쟁에서 벗어나 허구에 불과한 우월감을 추구한다. 강박관념에 빠져 타자의 삶이나 청결에 책임을 느끼려고 노력하는 태도에서 우월성에 대한 이런 착각이 드러난다. 그녀가 몰두하고 있는 것은 우월한 양심을 보여주려는 노력이다. 그녀는 아직 멈추지 않았기 때문이다. 만약 그녀가 멈추었다면 긴장병에 걸린 것처럼 혼미한 상태에 빠졌을 것이다. 이 환자의 꿈에 대해 이야기하기 전에 몇 가지 일반적인 언급을 해두는 편이 좋겠다. 꿈을 이해하고 해독하지 못하는 심리학은 정신생활의 상당 부분을 배제하므로 매우 불완전한 심리학이 될 것이다. 따라서 꿈에 대한 프로이트 학설의 개념은 심리학에 중요한 공헌을 했다. 그러나 유감스럽게도 프로이트는 성적 요인이 지배한다는 잘못된 가정 때문에 꿈을 형성하는 가장 중요한 원리들을 간과했고, 그리하여 삶에서의 성적인 태도가 완전성 혹은 우월성이라는 목표에 의해 결정된다는 것을 알지 못했다. 우리는 늘 이상한 성적 성향들을 라이프스타일의 전체적인 표현으로 해석해야 하며, 그 근저에 있는 더 깊은 움직임을 찾아야 한다.

개인심리학은 모든 꿈이 기분을 만들어낸다는 것을 인식했다. 꿈에 대한 이해는 개인심리학의 이런 깨달음 덕분에 매우 실질적인 진전을 이루었다. 꿈은 특정 상황에 대해 우월성의 목표에 따라 대처하기 위해 하나의 기분을 넌지시 비친다. 이것만으로도 사람들이 왜 본인이 꾼 꿈을 이해하지 못하는지에 대한 설명이 된다. 꿈은 잠을 자면서 현실과 상식으로부터 각자의 우월성의 목표로 돌아서는 과정이다. 현재 안고 있는 문제들을 논리적인 계획과 사고로 우월성의 목표에 연결시키기란 매우 어렵다. 하지만 감정에 의해 연결시키는 것은 쉽다. 그리하여 사람들이 선택한 "지름길"이 꿈이다.

내가 다른 책에서 설명한 것처럼, 꿈은 허구적인 목표를 향해 나아가는 단계의 총연습이자 시연회다. 꿈은 상황에 대한 논리적 판단을 무시하고 성공할 수 있는 방법을 자동적으로 그려낸다.

이 환자는 넘어지는 꿈을 꾸었다. 그런 꿈이 패배감 같은 불쾌한 감정을 암시한다는 점은 아무도 부인하지 못할 것이다. 우리는 현재 그녀가 앞으로 나아가고자 하는 충동을 약화시키고 있다고 추정할 수밖에 없다. 아마도 지금 그녀는 자신이 낙심했다는 것을 이용해 해결하고 싶은 어떤 문제에 당면해 있을 것이다. 이 사례에서 그 문제란 유부남이 만나자고 청한 일이었다. 그녀는 꿈을 통해 자신이 원하는 절망적인 기분을 스스로에게 일으킴으로써 이 문제에 대응했다. 그녀가 원한 건 거절하고 도망치고 싶은 충동이었다.

비판적인 독자들이 납득하지 못할 경우를 대비해 이 환자가 같은 날 꾼 다른 꿈을 언급해보겠다. 그녀는 피부에 붉고 푸른 반점들이 생긴 걸 알고 겁에 질리는 꿈을 꾸었다. 이런 상태로 연인을 만날 수 있겠는가? 그 반점들이 매독 감염 때문에 생겼다는 건 나도 분명히 알 수 있었지만 환자 스스로도 암시했다. 이 문제에 대해 이야기를 나누면서 그녀는 모든 남자는 성실하지 않고 일부다처제를 지지한다는 의견을 피력했다. 그러면서 앞서 내가 인용한 말을 했다.

"결혼하더라도 남편은 2주 뒤에 분명히 제 곁을 떠날 거라고 생각해요. 늘 기만당하고 남편으로부터 매독이 전염될 것 같은데 결혼해봤자 무슨 소용이 있겠어요?"

이 말은 달아나고 싶은 마음을 결정적으로 보여준다. 그녀는 "나는 성실한 남편을 둔 언니보다 못한 사람이 될 거예요"라고 덧붙였다. 이렇게 그녀의 목표는 바뀌었다. 그녀는 더 이상 언니를 직접적으로 능가하길 바라지 않는다. 대신 그쪽으로는 방어벽을 치고 또 다른 무익한 우월성의 목표를 찾고 있다. 그녀는 모든 패배를 피하고 그 누구보다 고귀한 사람이 되고자 하는 것이다.

누구에게나 우월성의 목표가 있지만 용기와 자신감을 잃은 사람들의 경우 그 목표의 방향이 삶의 유용한 측면에서 무익한 측면으로 바뀐다. 비현실적인 삶으로의 이러한 도피는 다음과 같이 자동적으로 일어난다. 패배에 대한 두려움이 감정들을 준비한다. 그리고 두려움이 가라앉을 때까지 그 감정들을 통해 행동이 일어난다. 이러한 도피는 항상 안도감을 느끼게 하지만 머리로 이것이 구원이라고 이해되는 것은 아니다. 도피를 구원이라고 이해하면 환자는 이를 즐길 테지만, 그러면 주저나 도피를 정당화할 구실을 제거해 의도한 계획 전체를 망쳐버릴 것이다. 그는 변명하기 위해서 고통스런 대가를 치러야 한다. 병이라는 형태에 의지해 생겨난 신경증적 증상들은 실제로 병과 유사하며 환자가 "병이 아니라면 내가 일등이 될 수 있을 텐데"라고 생각하게 하여 그의 우월감을 효과적으로 옹호한다. 이런 라이프스타일에서 행복은 선험적으로, 그리고 상황에 대한 어떠한 적응과도 관계없이 배제된다.

2장 인생의 과제들에 대처하지 못하는 사람

조현병에 걸린 소년
과도한 우울감에 빠진 나이 든 여성
우울증에 걸린 위압적인 아내

ADLER
CLASSIC
1

개인의 삶에서 모든 발달은 그 사람 인생의 목표에 따라 좌우되며, 이어지는 삶의 단계들은 이 목표에 따라 유기적으로 연결된다. 열여덟 살 때 갑자기 조현병調絃病(정신분열증)에 걸린 한 소년의 어머니는 아들이 그전까지는 완벽하게 정상적이었다고 말했지만 우리는 그 말에 동의할 수 없었다. 소년의 지난 삶에 대해 조사해본 결과, 그가 남을 지배하려드는 성격이었으며 급우들과 어울리지 않았다는 점을 알게 되었다. 그렇게 유년기를 보내면 인생의 진짜 과제들에 대면할 준비를 제대로 갖추지 못한다. 이 소년의 경우 이미 유년기에 조현병에 걸릴 요인들이 누적된 것이다.

조현병은 어느 날 갑자기 나타나는 게 아니라 삶의 태도가 불러온 결과이며 정말로 어려운 상황과 맞부딪쳐야 할 때가 오면 발현된다. 열여덟 살이 되어 사회, 일, 사랑이라는 세 과제에 직면한 소년은 자신이 이 과제들에 대응할 수 없다고 느꼈다. 환자가 삶에 대한 준비를 갖추지 못했다는 사실이 항상 순조로운 상황이나 삶의 실질적인 요구들로부터 보호받고 있을 때 드러나는 것은 아니다. 인생의 진짜 요구들은 항상 사회적인 성격을 띠며 공동체 감성을 필요로 한다. 유년기는 보통 보호받는 시기이지만, 지금 검토하고 있는 사례나 언니에게 경쟁심을 품고 항상 자신의 위상이 위협받고 있다고 느껴 자기 자신에게 잡착하게 된 앞 사례의 여성처럼 공동체 감성이 발달되지 못한 채 지나갈 수 있다. 아이가 상황을 이렇게 인식하면 공동체 감성 발달에 방해가 된다.

탁아소, 유치원, 학교, 친구관계 등 어린 시절의 환경은 사회적 행위를 처음 훈련하고 시험한다. 신경증이 발생한 사람의 경우, 어린 시절의 이런 관계들에서 어려움의 전조가 있었다는 것이 항상 발견된다. 그는 타자와 함께 무언가를 하는 것을 좋아하지 않았고 혹은 함께 하더라도 기묘하거나 다른 사람들과는 확연히 다른 방식으로 했다. 신경증 환자는 대개 자신의 특이성과 유년기의 삶에 적응하기 힘들었던 점을 기억하여 지금의 사회 환경과 거리를 유지하기 위한 구실거리로 이용한다. 신경증 환자가 필요에 의해 어쩔 수 없이, 혹은 스스로의 요구에 따라 일반적으로 인정되는 행동 기준에 더 가까이 접근하는 경우, 그가 적응하려고 노력하는 것처럼 보일 수도 있다. 하지만 실제로는 그런 노력을 전혀 하지 않는다. 그는 이 새로운 요구에 대하여 타성적인 반응과 오랫동안 훈련된 위장의 태도를 취해 실질적인 접촉을 피한다. 대화를 나누거나 관례적인 협력에서는 다른 사람들과 피상적으로 어울릴 수 있지만 그렇게 할 때도 자신이 세운 메커니즘을 따르고 이 차단막 뒤에서 그의 정신은 자신만의 비밀스런 근거지로 숨어든다. 우리는 신경증 환자, 정신병자, 문제아들의 이런 행동이 어느 정도 필연적이고 과거가 낳은 불가피한 결과임을 인식해야 한다. 이들이 갈고닦은 인위적인 태도는 잘못된 훈련이 낳은 필연적인 결과이며 우리가 이 결과들을 바로잡으려 노력해봤자 별로 소용이 없다. 우리는 더 심오한 동기, 그리고 이러한 결과들의 기저를 이루는 라이프스타일을 변화시켜야 한다. 그래야 환자가 자신의 모든 삶의 과제를 새로운 시각으로 볼 것이다.

모든 인간은 내가 설명한 세 가지 인생의 과제를 어떻게든 해결해야 한다. 개인은 세상과 세 가지 관계로 연결되어 있기 때문이다. 어느 누구도 사회, 일, 사랑이라는 과제에 대한 뚜렷한 대답을 피해갈 수 없다. 사회와 우호적인 관계를 맺을 수 있고 믿음과 용기로 유용한 일에 계속 종사할 수 있으며 뛰어난 사회적 감성으로 성적 생활을 조절할 수 있는 사람은 신경증에 걸리지 않는다. 하지만 이 엄정한 세 가지 삶의 요구 중 하나 이상을 해결하지 못한 사람은 자기비하감에 빠져 신경증에 걸리지 않도록 조심해야 한다. 조현병은 이 세 가지가 한꺼번에 실패해서 나타난 결과다.

우리가 검토하고 있는 사례의 소년은 이 피할 수 없는 과제들과 맞붙을 준비가 되어 있지 않았다. 우리가 보기에 이 소년은 발달 단계의 후반에 재교육을 받아야 하며, 이 교육 과정에는 특별한 방법이 필요하다. 재교육 담당자는 강제적으로는 아무것도 이룰 수 없다는 점을 처음부터 인식해야 한다. 친근하게 환자의 관심을 끌고

인생의 과제들에
대처하지 못하는 사람

수용적인 마음 상태가 되도록 달래야 한다. 의사나 심리학자의 과제는 환자가 동료 인간과 접촉하는 경험을 하고 이렇게 일깨워진 공동체 감성을 타자들에게로 옮겨갈 수 있게 하는 것이다.

환자의 호의를 얻어 이를 그의 주변 환경으로 옮겨가도록 하는 이 방법은 어머니의 역할과 매우 유사하다. 어머니의 사회적 임무는 자녀에게 사회를 이해시키는 것이다. 어머니가 이 역할에 실패하면 이 임무는 훨씬 뒤에 의사에게 맡겨지는데, 의사는 이 과제를 수행하는 데 상당히 불리한 입장에 있다. 어머니는 자녀와의 신체적, 정신적 관계에서 엄청나게 유리한 위치를 점하고 있다. 그녀는 아이가 가장 큰 사랑과 유대감을 경험하는 존재다. 어머니의 임무는 아이가 처음에 신체적으로 어머니와 밀접하게 연결되었던 것처럼 아이가 자라나면서 정신적으로 자신과 교감하게 하고, 아이의 성장하는 의식에 사회, 일, 사랑에 대한 참되고 정상적인 개념을 심어주는 일이다. 이렇게 하여 어머니는 자신에 대한 아이의 사랑과 의존을 사회와 환경 전체에 대한 호의적이고 자신감과 책임감 있는 태도로 서서히 전환시킨다. 아이가 인간의 유대감을 최대한 완벽히 경험하게 하고, 이를 타자에 대한 삶의 태도로 확장시키도록 하는 것이 어머니가 맡은 이중의 역할이다.

과도한 우울감에 빠진 나이 든 여성

사람은 자신의 위치를 고수하기 위한 오랜 분투 과정을 거친 뒤에야 이른바 정신병에 걸리기 쉬운 상태가 된다. 그렇게 되면 인생의 세 가지 과제 모두에 실패하고 논리에 맞지 않는 행동만 한다.

여기에서 논리적이라는 것은 삶의 진짜 과제를 해결하려고 시도할 만큼의 이해력이 있다는 뜻이다. 직업과 사랑에서 배제된 한 나이 든 여성의 삶에서 정신병이 어떻게 발병하는지의 예를 살펴볼 수 있다. 그녀는 사회, 자식, 사위들이 자신에게 충분한 관심을 보이지 않아 마음이 상했다. 그녀가 타자의 삶에 깊은 관심을 기울일 만큼 충분한 공동체 감성을 발달시키지 않았다면 이 사례는 실로 어려운 경우라 할 수 있다. 그녀에게는 여전히 어느 누구 못지않게 큰 우월성의 목표가 있고, 또한 구체적인 목표가 없이도 계속 고투하고 있기 때문이다.

하지만 그녀는 자신이 약하다는 점을 이용해 다른 사람들의 관심을 모을 수 있다는 걸 발견했다. 그녀는 완전히 절망한 사람이라는 배역을 연기할 수 있기 때문에 다시 주목을 받고 인생이라는 무대에서 한 번 더 여배우로 설 수 있다. 그녀는 자신을 상실감에 빠진 사람으로 규정함으로써 성격 파괴를 미리 저지를 것이다. 그리고 다른 사람들이 그녀를 방치해 불행하게 만들도록 하는 대신 스스로 과도한 우울감에 빠질 것이다. 그런 과정을 통해서도 그녀의 우울 상태를 전염시켜 다른 사람의 감정에 약간의 부정적인 영향력을 줄 수도 있다. 우리는 신경증 환자들이 자신이 방치되었다고 느끼면서도 오만과 야심 때문에 이를 자백하지 않으며, 따라서 다른 사람들을 직접적으로 비난하지 못한다는 것을 발견했다. 그래서 인생의 이런 국면에서 나타나는 분노와 화가 일반적으로 억눌러지고 숨겨진다. 하지만 때때로 이런 분노가 터져 나올 수 있는데, 그럴 경우 스스로에게 모든 비난을 돌림으로써 자신의 절망적인 태도를

인생의 과제들에
대처하지 못하는 사람

합리화한다. 우울증에 걸린 많은 사람이 실제로 심한 자책으로 자살을 한다. 때로는 자살로 다른 사람에게는 책임이 없음을 여봐란 듯이 밝히기도 한다.

우울증에 걸린 위압적인 아내

46세의 매우 지적인 한 여성이 나를 찾아왔다. 그녀는 내게 오기 전 3년간 우울증에 시달렸다. 그녀는 열여섯 살 때 결혼을 했는데 10년 동안 아이가 생기지 않아 입양을 했다. 하지만 아이에게는 자신이 친엄마가 아니라는 사실을 밝히지 않았는데, 이런 상황은 보통 나중에 아이에게 불행한 결과를 낳는다. 나중에 그녀는 딸 둘을 낳았다. 그녀는 결혼 후에 남편의 사무실에서 일했기 때문에 남편의 일에 관해 전부 알고 있었다. 몇 년 뒤 남편이 동업자를 들이자 그녀는 자신의 중요성이 줄어들었다는 생각에 사무실에 나가기 싫어했다. 동업자와 싸움을 계속하던 그녀는 친정아버지가 병에 걸리자 간호를 위해 일을 그만두었다. 그리고 아버지의 건강이 회복되자마자 그녀는 우울증에 걸렸다. 그녀는 남편이 사업상의 일을 숨긴다고 의심했으며 자신이 알고 싶은 걸 남편이 바로바로 말하지 않으면 울었다. 그녀는 남편을 지배하고 싶어했고 울음은 그를 제압하기 위한 수단이었다. 우는 행위는 보통 타인에 대한 비난의 표현이다. 남편의 사업은 재정적으로 만족스러웠고 그녀가 세세한 사항을 전부 알 필요는 없었지만 그녀는 사업과 관련된 모든 걸 속속들이 알지 못하면 자신이 배제당하고 있으며 열등하다고 느꼈다.

이 강한 여성은 남편을 지배하기 위해 약한 남성과 결혼했다. 물론 자신과 동등한 배우자를 선택하는 데에는 일반적으로 더 높은 수준의 용기가 필요하다. 결혼은 서로의 삶을 편안하고 풍요롭게 하기 위해 함께 살기로 결정한 두 사람에게 주어진 건설적인 과제다. 누군가가 자신보다 약한 사람(사회적 지위가 낮거나 알코올 중독자, 모르핀 중독자 혹은 게으름뱅이처럼 문제가 있는 사람)을 "구해내겠다"는 마음으로 배우자를 선택한다면 그것은 우월성을 얻고 싶다는 숨겨진 욕망을 드러내는 것이다.

이 여성은 진짜 우울증의 주요 징조들을 보였다. 몸무게가 계속해서 줄었고 잠을 이루지 못했다. 그리고 저녁보다 아침에 항상 더 우울했다. 그녀는 온 가족이 가난해지고 굶주리게 될까봐 걱정했다. 이 환자를 치료하면서 내가 세운 첫 번째 목표는 그녀와 남편을 화해시키는 것이었다. 나는 그녀에게 남편이 점점 나이를 먹고 있으니 그에게 화를 내지 말고 좀더 수완을 발휘해 남편을 다루어야 한다는 걸 알려주려 애썼다. 나는 남편을 고분고분하게 만들기 위해서는 우는 것보다 더 좋은 방법이 있다고 설명했다. 어떤 사람도 지속적인 지배를 견디지 못하기 때문에 약자들은 항상 어떤 식의 저항을 한다. 그래서 조화롭게 살고 싶다면 서로를 동등한 상대로 대해야 한다.

나는 항상 신경증 환자들을 치료할 때 가능한 한 가장 단순하고 직접적인 방법을 쓴다. 하지만 이 사례에서는 환자에게 "당신은 지배하려드는 성격입니다. 지금은 병이라는 수단으로 남편을 지배하려 애쓰고 있어요"라고 말해봤자 아무 소용없을 것이며 감정만 해칠 것이다. 나는 먼저 그녀의 호의를 얻고 가능한 한 그녀의 편에

인생의 과제들에
대처하지 못하는 사람

서야 한다. 모든 신경증 환자는 부분적으로는 옳다. 이 여성이 자신이 나이가 들어 가치를 박탈당했다고 느끼지 않았다면(현재 우리 문화에서 여성들이 실제로 겪는 결핍이다) 그렇게 부적절한 방식으로 자신의 위상을 세우는 데 매달리지 않았을 것이다. 하지만 그녀가 자신이 무슨 짓을 저지르고 있는지 진실을 직면하게 하려면 점진적으로 단계를 밟아나가야 했다.

이 환자는 이런 상황에서 흔히 나타나는 감정인 죄악 콤플렉스guilt complex에도 시달렸다. 그녀는 25년쯤 전에 바람을 피웠던 일을 떠올렸다. 이 사건은 그동안 그녀의 삶에 아무 영향도 미치지 않았지만 그녀는 돌연 남편에게 사실을 고백하고 자신을 비난했다. 우리가 프로이트식 해석에 따라 완전히 잘못 이해하고 있는, 이른바 죄악 콤플렉스는 더 이상 순종적이지 않은 남편에 대한 공격이 분명했다. 그녀는 바람을 피웠다고 고백하고 자책함으로써 남편에게 상처를 줄 수 있었다. 사반세기가 지났기에 진실한 고백을 하고, 그것으로 스스로의 정직을 증명함과 동시에 스스로를 옹호할 수 있다고 생각할 만큼 단순한 사람이 어디 있겠는가? 진실은 종종 무서운 공격 무기가 된다. 진실을 이용해 남을 속일 수도 있고 심지어 살인을 할 수도 있다.

니체는 뛰어난 통찰력과 더불어 개인심리학이 취하고 있는 것과 같은 관점에서 죄책감을 단순한 악으로 설명했다. 사실 죄책감은 대다수의 신경증 사례에서 당사자를 삶의 무익한 측면에 고착시키는 수단으로 이용된다.

거짓말을 한 뒤 죄책감에 시달리는 소년에게서 이런 경우가 종종 발견된다. 이런 방법을 써서 소년은 쓸데없는 죄책감에 시달리는 고귀한 인격의 소유자를 연기할 수 있다. 소년이 거짓말을 한 것에 대해 지나치게 걱정하면 모든 사람은 그의 정직성에 감명을 받을 것이다.

간접적인 치료법에 대한 이야기로 되돌아가보자. 나는 특히 우울증에 이 방법을 권한다. 나는 두 단계의 행동 변화를 제안하는데, 첫 번째 단계에서는 환자에게 "하고 싶은 일만 하세요"라고 권한다. 그러면 환자는 대개 "하지만 저는 하고 싶은 일이 없는 걸요"라고 대답한다. 나는 "그러면 적어도 하기 싫은 일을 하려고 애쓰지 마세요"라고 말한다. 병을 치료하기 위해 갖가지 싫은 일을 권유받아오던 환자는 내 조언에서 비위를 맞춰주는 듯한 참신함을 느끼고 행동에 개선을 보일 수 있다. 다음 단계에서는 "이번에는 좀더 어려운 일이어서 하실 수 있을지 모르겠네요"라며 두 번째 행동 규칙에 대해 운을 뗀 뒤 입을 다물고 의심스러운 눈으로 환자를 쳐다본다. 이런 식으로 환자의 호기심을 자극하고 관심을 얻은 뒤 말을 잇는다.

"당신이 이 두 번째 규칙대로 할 수 있다면 14일 안에 나을 겁니다. 뭐냐 하면, 다른 사람을 즐겁게 해줄 수 있는 방법을 가끔 생각하는 겁니다. 그렇게 하면 쉽게 잠을 이룰 수 있고 슬픈 생각을 모조리 쫓아낼 수 있을 겁니다. 자신이 유용하고 가치 있는 사람이라고 느껴질 거예요."

이 조언에 대해 다양한 반응이 나오지만, 모든 환자가 실행에 옮기기에는 너무 어려운 일이라고 생각한다. 환자가 "나 자신이 전혀 즐겁지 않은데 어떻게 다른 사람을 즐겁게 해줄 수 있겠어요?"라고 대답하면 나는 "그러면 당신이 나으려면 4주가 걸릴 겁니다"라고 말해서 기대치를 낮춰준다. 더 솔직한 반응은 "나한테는 누가 즐거움

69

을 주는데요?"이다. 그러면 나는 "다른 누군가를 즐겁게 해줄 일을 실제로 하지는 말고 어떻게 즐겁게 해줄 수 있을지 생각만 하세요. 이런 식으로 스스로를 조금씩 훈련시키는 게 좋을 거예요"라고 말하는 초강수를 둔다.

"그건 저한테는 누워서 떡 먹기예요. 평생 동안 그렇게 해왔으니까요"라고 대응하는 우울증 환자는 다른 사람들의 우위에 서기 위해 호의를 베푸는 사람이라고 의심할 수 있다. 나는 이런 환자들에게는 "당신이 호의를 베푼 사람들이 정말로 그 때문에 기뻤을까요?"라고 물어본다. 나는 때로는 환자에게 지금은 그 일이 아주 어렵고 연습과 훈련이 필요하리라는 것을 인정해준다. 그래서 "밤에 당신이 했던 생각들을 모두 기억했다가 다음 날 나한테 들려줘서 제게 즐거움을 주세요"라는 식으로 좀더 가벼운 방법의 절충안을 제시한다.

그리고 이튿날 환자에게 밤에 무슨 생각을 했는지 물어보면 "어젯밤엔 밤새도록 잤어요"라고 대답할 확률이 높다. 그전에는 잠을 이루지 못한 날이 많은 사람이었는데! 하지만 의사는 지나치게 일찍 승리를 만끽해서는 안 되며, 계속해서 유용한 사실들을 열심히 모으고 환자의 라이프스타일을 재구축해야 한다. 우울증에 걸린 사람들은 흔히 자살이라는 불행한 선택을 하지만 내 환자들 중에는 자살한 사람이 없었다. 나는 간접적인 치료 방법이 환자들의 극심한 긴장을 줄여주었기 때문이라고 믿는다. 하지만 환자 주변의 모든 사람은 그를 야단치거나 강요하거나 비판하지 말고 환자가 좀더 우호적인 상황에 놓일 수 있도록 도와야 한다는 걸 알아야 한다. 우울증은 환자보다 주변 사람들에게 더 고된 병이며, 가족 친지들이 더 이상 그런 부담을 참지 못하는 순간들이 온다. 나는 "환자를 더는 제어할 수 없다고 느끼기 바로 직전에 그에게 간병인 한두 명을 붙이라"라고 조언한다. 이때가 자살 위험이 있는 단계다.

조증은 우울증이나 심각한 신경증과 마찬가지로 환자가 삶의 현실적인 일들에 접근하지 않으려고 세운 방어벽이며 때로는 조울증의 형태로 나타나는 정신병의 예비 단계이기도 하다. 우리가 살펴본 것처럼, 정신 장애의 위협적인 첫 단계는 어떤 급박한 문제를 해결해야 하는 압박감 속에서 환자가 용기를 잃어버렸을 때 시작된다. 조증 상태에서는 이러한 두려움을 극복하려는 노력이 이루어지며, 환자는 스스로를 밀어붙이고 과장된 행동을 하는가 하면 불필요하게 흥분하면서 말하고 웃는다. 기분이 매우 고조되어 있고 쉽게 짜증을 내며 거창한 계획을 세운다. 자신의 힘을 자만하고 뽐내며 강한 성적 욕구를 드러내기도 한다. 이런 환자들은 주의가 요구되며 방치하면 해를 입힐 수도 있다. 하지만 이 단계는 갑작스레 타올라 곧 연료를 다 써버리는 불길과 같다. 그 후 흔히 자연스럽게 이어지는 단계는 환자가 방어벽을 치며 무슨 일이 있어도 확실한 표현을 삼가는 우울증이다. 조울증에서 나타나는 이러한 변화는 이전에 경미하게 같은 유형의 행동을 한 시기가 있었던 사람에게서 나타난다. 처음에는 흥분 상태를 보이다가 급속도로 기분이 가라앉는다. 이런 성향은 심지어 글씨에서도 나타나서 단어의 첫 글자는 큰 반면 뒤로 갈수록 글자가 작아지며 아래쪽으로 처진다. 몹시 들뜬 상태와 급격한 저하가 간격을 두고 평생 동안 반복된다.

말년에 시작되는 기분순환증(순환기질, 기분의 지속적인 불안정) 같은 조울증은 겉보기에는 일반적인 마비와 아주 비슷할 수 있어서 진단에 혼란을 불러온다. 그런 경우에는 척추분비액 검사로 임상상의 진단을 보완해야 한다. 이 검사를 해보는 일은 중요하다. 마비는 1회에 그치는 경우가 많은 반면 기분순환증은 당연히 반복되기 때문이다. 언젠가 조증이 매우 빨리 끝나는 환자를 만난 적이 있다. 정신병원으로 그를 찾아갔더니 며칠 전에 간병인들이 거칠게 다루었다면서 집에 데려다달라고 간청했다. 이 환자는 회복되기 시작했고 상태가 시시각각 호전되고 있었기 때문에 나는 그를 집으로 데려갔다. 탁자를 앞에 두고 마주 앉아 있는데 그가 만족스러운 듯 이렇게 말했다.

"보세요. 제 인생은 항상 이랬어요. 전 뭐든 원하는 걸 언제나 얻었죠."

내가 이 환자가 겪은 고초를 생각하는 동안 그는 오로지 정신병원에서 나왔다는 생각에만 빠져 있었다. 이것이 객관적인 상식과 조증의 기초를 이루는 일종의 "사적 지성private intelligence"의 차이다.

3장 공동체 감정의 결여와 남성적 저항

강박적 죄의식에 시달리는 소년
항상 남자가 되고 싶어하는 젊은 여성

ADLER
CLASSIC
1

개인심리학은 의식과 무의식을 구분하지만, 의식과 무의식을 별개의 상충되는 독립체로 구분 짓지 않고 하나의 동일한 실체를 이루는 보완적이고 협력적인 부분으로 본다. 무의식의 실재는 생리적 혹은 생물적 성질의 것이 아니며, 어떤 화학적 혹은 기술적 시험도 적용되지 않는다. 예를 들어 불안이 교감신경과 부교감신경에 영향을 미친다고 해서 불안의 원인을 알 수 있는 건 아니다. 불안은 신체적 영역이 아니라 정신적 영역에서 비롯된다. 우리는 불안의 원인을 성적 억압이나 어린 시절의 환경으로 돌리지는 않지만 이런 요인들에 적절한 중요성을 부여한다. 우리에게 가장 중요해 보이는 것은, 예컨대 아이가 어머니를 지배하려는 우월성의 목표를 달성하기 위해 불안을 이용한다는 사실이다. 사람이나 상황을 지배하려는 목적으로 분노가 어떻게 이용되는지에 관해 우리가 경험으로 알아

낸 것에 비하면, 분노에 관한 가장 정확한 생리학적, 신경학적 설명
도 그 실질적 가치는 거의 무시해도 될 정도로 보인다. 이런 면에서
우리는 전적으로, 그리고 정확하게 심리학적 관점만 취한다. 또한
우리는 감각, 감정, 사고가 신체 조건이나 유전적 본능 때문에 생긴
다는 생각(거의 모든 심리학의 토대를 이루는 생각이다)은 항상 과장과
오류로 이어진다고 믿는다. 모든 정신적, 신체적 기능이 필연적으로
유전적 요인의 영향을 받는다는 데 이의를 제기하는 건 아니다. 하
지만 우리가 모든 정신활동에서 보는 것은 특정한 목표를 이루기
위해 유전적 요인이 어떻게 이용되는가이다. 내가 지금까지 설명한
모든 사례에서 감각과 감정은 특정 목적을 달성하는 데 필요한 방
향과 수준으로 생겨나는데, 이 예들에서는 신경증적 특성으로 나
타났다. 불안, 슬픔, 그 외의 모든 감정 표현은 우리가 라이프스타
일로부터 예상할 수 있는 방향으로 나타난다. 또한 우리는 꿈 역시
전반적인 노력을 통해 감정을 정리하는 데 기여한다는 것을 살펴보
았다. 꿈의 활동은 정신 작용에 관한 통찰을 크게 도와준다.

　목표를 달성하는 데 슬픔이 필요한 사람은 당연히 행복해질 수
없다. 불행할 때에만 행복해질 수 있기 때문이다. 하지만 우리는 감
정이 필요에 따라 나타났다 사라진다는 것을 알게 되었다. 광장공
포증에 시달리는 사람은 집에 있을 때나 다른 사람들을 복종시킬
수 있을 때는 불안이 사라진다. 신경증 환자는 자신이 정복자라는
느낌을 가질 수 없는 부분은 경험에서 모조리 제외시켜버린다. 그
는 어떤 기분이나 감정을 불러일으킴으로써 자신의 세계에 남아 있
는 달갑지 않고 정복할 수 없는 부분을 쫓아내거나 차단한다. 머리
를 모래 속에 처박는 타조처럼 자신을 그 기분 속에 숨기려는 헛된

노력을 한다.

그러나 모든 기분의 동요와 이를 제어하려는 시도의 배경을 보면 상대적으로 변하지 않는 실제 성격이 자리하고 있다. 예를 들어 겁쟁이는 자신보다 약한 사람에게 오만하게 굴고 보호를 받을 때는 용기를 보여준다 해도 여전히 겁쟁이다. 경비견과 총, 경찰들에 둘러싸여 있을 때도 그가 불안해함을 알 수 있다. 과도한 보호를 요구한다는 것 자체가 그의 성격을 드러낸다. 거만한 사람이 매우 자애롭고 온순하게 굴 수도 있지만 우리는 그가 주위에 자신보다 못한 사람들만 두었다는 걸 알아차린다. 한 개인의 진짜 성격을 판단하려면 그가 선택하거나 이용하는 환경을 중점적으로 살펴야 한다.

개인심리학에서 말하는 공동체 감성은 개개의 인간이 타고난 모든 약점을 진정으로, 그리고 필연적으로 보완해준다. 어떤 동물들보다 오랫동안 타자에게 의존하는 시기를 거친 뒤에야 완전히 성장하는 인간은 생물학적으로 보더라도 분명히 사회적 존재다. 인간의 경우 어머니도 아이를 갖기 전과 임신 기간, 그리고 출산한 뒤에 다른 동물들보다 더 타인에게 의존한다. 인간은 존재 자체를 위해 높은 수준의 협력과 사회 문화를 필요로 하기 때문에 자발적인 사회적 노력이 요구된다. 교육의 주된 목표는 바로 이러한 노력을 불러일으키는 것이다. 공동체 감성은 타고나는 게 아니라 의식적으로 발달시켜야 하는 잠재력(선천적 가능성)이다. 우리는 이른바 어떤 사회적 "본능"을 믿지 않는다. 사회적 본능의 표현은 환경에 대한 아이의 개념이나 관점에 의존하기 때문이다. 모든 아이는 신뢰할 수 있는 동료 인간과의 접촉을 어머니로부터 처음 경험하므로 어머니는 사회에 대한 시각 발달에 가장 중요한 요소가 된다. 아이들은

공동체 감성의 결여와
남성적 저항

유전적으로 물려받은 능력들을 삶의 초기에 받은 인상들에 맞춰 조절하고 결정적인 라이프스타일의 토대를 쌓아 4~5세 때 자신의 원형prototype을 구축한다. 이 원형이 나중에 더욱 체계적인 라이프 스타일로 발달하고 인생의 세 가지 과제에 대한 대응에 영향을 미친다. 첫 번째 시기에는 어머니의 건전한 정신이 반드시 필요하며, 두 번째 시기에는 어머니의 사고방식과 넓은 시야가 매우 중요하다.

어머니는 아이의 행동에 최초의 중요하고 명확한 변화를 불러일으킨다. 어머니의 영향 아래에서 아이는 욕구와 충동을 처음 억제한다. 그리고 자신이 바라는 것을 유예하고 이를 얻기 위한 우회적인 방법을 도입한다. 삶의 어려움들을 극복하고 우월감을 얻기 위한 모든 노력의 목표는 유년기의 자극제가 되기도 하는데, 이러한 자극은 대부분 자신이 현실적으로 무능하다는 느낌에서 비롯된다. 세심하고 자애로운 어머니는 아이의 목표를 지키는 수호자이며, 이 경우 대개 목표 자체가 구체적이다. 하지만 그런 목표를 항상 이룰 수 있는 것은 아니다. 아이가 자신의 라이프스타일을 확립하고 점점 더 유용한 방식으로 우월성을 추구할 수 있도록 스스로의 노력을 통해 성공할 자유와 기회를 주는 것이 어머니에게 필요한 기술이다. 그런 뒤 어머니는 아이가 서서히 다른 사람들과 더 넓은 생활 환경에 관심을 기울이도록 해야 한다. 어머니가 이 두 역할을 할 수 있다면, 즉 아이에게 독립성을 심어주고 가정과 세상의 주변 환경들을 처음에 올바로 이해시킬 수 있다면 아이는 공동체 감성, 자립심, 용기를 발달시킬 것이며 좋은 동료이자 친구, 좋은 근로자, 참된 사랑의 동반자가 되겠다는 목표를 세울 것이다. 삶을 이렇게 시작하면 우월성을 얻겠다는 뿌리 깊은 의지가 사회적 감성과 통합되고 삶의 유용한 측면을 향한 용기 있고 낙관적인 행동을 불러온다. 개인의 모든 감정은 명망(우월성)을 추구하려는 노력에 따라 수반되는 공동체 감성의 양에 의해 평생 동안 조절된다.

문제아, 신경증 환자, 범죄자, 성도착자, 매춘부, 자살자의 행동처럼 삶의 무익한 측면을 향한 갖가지 행동은 공동체 감성의 결여와 그로 인한 자신감 상실에서 원인을 찾으면 대체로 정확하다. 유치원에 다니는 일부터 경영 관리까지, 학교 동창과의 관계부터 결혼생활까지 우리가 삶에서 해야 하는 모든 적응 행위는 직접적으로든 간접적으로든 사회적(인간관계적) 행동임을 인식해야 한다. 우리는 아주 어릴 때부터 주로 사회적 혹은 반사회적인 방식으로 새로운 사고와 사건들을 접하기 때문에 적응 행위는 중립적이 될 수 없다. 예를 들어 한 소년이 주변 사람들이 아프거나 죽는 경험을 통해 두려움을 품게 되었다고 가정해보자. 그는 의사가 되어 죽음과 싸우기로 결심함으로써 이러한 두려움을 완화시킬 수 있다. 이 결심은 다른 사람을 매장할 무덤을 파는 일꾼이 되겠다는 결정보다는 더 사회적인 생각이다. 나는 한 소년이 똑같은 상황에서 실제로 이런 반응을 나타낸 경우를 보았다. 정신의 상승 노력에 처음부터 공동체 감성을 심어주면, 이런 사회적 감성이 저절로 확실하게 작용하여 모든 사고와 행동에 영향을 미친다. 이렇게 저절로 작용하는 사회적 공감능력이 부족한 사람은 관심사가 굉장히 자기중심적이며 스스로를 무능하거나 하찮은 사람이라고 느낀다. 다른 모든 감정은 공동체 감성과 다소 직접적으로 연결된다. 다른 감정들은 독자적으로 존재하지 않으며, 사람들이 종종 이 감정들을 이용해 행동을 제어하려 하지만 실제로 그렇게 되지 않는다. 물론 이 감정

79

들은 때때로 우리의 이차적 결정에 영향을 미친다.

자신에게는 능력이 없다는 느낌, 즉 "열등감"은 개인심리학의 근원을 이루는 개념이다. 열등감은 어떤 형태든 개인의 '행동'을 적절하게 연구해야만 정확하게 판단할 수 있다. 어린 시절에 열등감을 정확히 진단하기란 아마 더 어려울 것이다. 어린 시절에는 본능을 피하고 감정을 스스로에게 감추려는 많은 노력이 관찰되지만, 이러한 어린 시절의 표현 대부분은 신체 기관의 튼튼함이나 약함, 환경에 대한 호의나 적대감과 연결되어 있다. 그러나 무능력감의 전적인 책임이 유전적으로 물려받은 신체 기관이나 환경에 있지는 않다. 또한 무능력감은 이 두 요인이 합쳐져서만 생기는 것도 아니다. 무능력감의 정도는 이 두 요인에 아이의 반응이 더해져서 정해진다. 신체 기관과 환경을 의식적으로 연결시키는 아이의 정신에는 불명확한 인과적 힘casual power이 있는 것처럼 보인다. 그래서 정상적이건 비정상적이건 아이의 정신은 어떤 것에도 수학적 정확성을 갖고 반응하지 않는다. 죽은 물질과 달리 생명체는 항상 이렇게 다소 부정확한 (그리고 자발적인) 방식으로 반응한다.

그러나 편의상 우리는 무능력감을 전형적인 원인들에 따라 분류할 수 있다. 신경증에 걸린 아이들은 세 가지 유형으로 나뉜다. 기관열등성(신체적 결함)이 있는 아이, 응석받이, 그리고 미움받는 아이다. 선천적이건 후천적이건 신체적 결함은 불가피하게 열등감을 불러일으키며, 일반적으로 이런 경우 특정 결함을 보완하기 위한 특별한 노력을 엿볼 수 있다. 예를 들어 왼손잡이인데 오른손만 쓰도록 훈련받은 사람들 중에는 서툴다는 느낌을 감추기 위해 오른손을 능숙하게 쓰려고 노력하는 이가 많다. 악기 연주자나 화가처럼 뛰어난 손재주와 훌륭한 솜씨가 이들 삶의 목표에서 필수적인 요소가 된다. 또한 화가와 시인들 중에는 나쁜 시력이 직업 선택에 영향을 미친 이가 많은데, 밀턴과 호메로스를 예로 들 수 있다. 난청이었던 베토벤과 말더듬이였던 데모스테네스를 봐도 이들이 우월성 추구를 위해 어디에 노력을 집중하며 보상을 받았는지를 알 수 있다. 「실락원」을 쓴 영국 시인 밀턴은 눈이 먼 탓으로 생긴 고립감과 고통스런 생각을 음악과 회화로 극복하려 했다고 한다. 고대 그리스의 서사시 「일리아스」 「오디세이아」를 쓴 호메로스는 장님이었다는 일설이 있고, 독일 작곡가 베토벤은 제9번 교향곡을 초연할 때는 스스로 지휘했지만 곡이 끝날 때 난청인 탓에 박수 소리를 듣지 못했다. 고대 그리스의 웅변가 데모스테네스는 말더듬이인 탓에 변론 연설에 실패하면서도 파도를 향해서 외치는 맹연습에 매달렸다고 한다.

나와 동료들이 천재적이거나 뛰어난 재능을 지닌 예술가들의 업적에서 이런 보상적 요인에 관심을 기울이는 것을 싫어하는 사람이 많다. 이들은 우리가 경험으로 계속 확인하고 있는 점들을 부인하려 한다. 하지만 이들이 이의를 제기하는 건 개인심리학의 연구 결과들을 잘못 이해했기 때문이다. 우리는 신체 기관의 부자유가 천재를 만드는 요인이라고 가정할 만큼 바보가 아니다. 프로이트 학파 중에는 천재들의 숭고한 작품이 성적 억압에 의해 탄생했다고 생각하는 사람이 많다. 하지만 우리는 그런 기이한 일반화를 하지 않는다. 우리가 보기에 천재는 본질적으로 매우 유용한 사람이다. 화가라면 자신의 작품으로 수많은 사람의 여가 생활에 특별함과 가치를 주어 문화에 기여한다. 그리고 알맹이 없이 겉만 찬란한 가치가 아닌 진짜 가치는 높은 수준의 용기와 공동체적 직관력에 의존한다. 천재의 출발점은 유전적 신체 기관이나 환경적 영향이 아니라 앞서 언급한 개인의 반응이라는 세 번째 영역이며, 여기에는 사회적으로 긍정적인 행동을 할 수 있는지가 포함된다. 하지만 그 특정화된 '표현형식'을 선택할 때 최고의 재능조차 유기체의 타고난 신체 조건에 영향을 받으며, 가장 중대한 결함에서 특별한 방식의 집중력을 얻는다.

많은 관찰을 통해서만 올바로 이해할 수 있는 이런 원리를 알면 기관 열등성을 지닌 아동들을 치료하는 데 큰 도움이 된다. 이 아이들을 과잉보상의 많은 위험으로부터 보호할 수 있기 때문이다.

타자로부터 지나치게 많은 것을 받는 응석받이들은 자신의 힘을 스스로 입증하지 않는다. 경험을 토대로 세워진 응석받이의 목표는 가족의 중심, 관심과 보호의 초점이 되는 것이다. 응석받이에게서는 일반적으로 화, 불만족, 혼란, 불안, 야뇨증, 혼자 있지 않으려는 몸부림, 학교에 가지 않으려는 증상이 나타난다. 치료법에 대해서는 금세 답이 나오지만, 우리는 이들이 불안정한 느낌을 유달리 강하게 받는다는 점도 고려해야 한다.

미움받는 아이는 어느 누구도 응석을 받아준 적이 없는 최악의 상황에 있다. 이런 아이들의 목표는 타인으로부터 안전한 거리까지 달아나는 것이며 잔인성, 수줍음, 비겁함 같은 증상을 드러낸다. 이 아이들은 흔히 사람의 눈을 똑바로 쳐다보지 못하고 업신여김을 당할까봐 두려워 말을 하지 못하며 감정을 숨긴다. 끊임없이 결점을 찾으려는 경향은 어떤 사례들에서는 유용한 비판력으로 발달되기도 한다.

자유롭게 성장하는 사람은 아무도 없다. 개개의 인간은 지구와 우주 속 자신의 주변 환경에 정신과 감정, 그리고 영양 측면에서 의존한다. 그럼에도 어느 정도는 독립적이기도 해서 이런 관계들을 의식적으로 받아들여야 한다. 이 관계들이 제시하는 삶의 과제들에 응답해야 하는 것이다. 그가 하는 모든 일이 그 응답이며, 분명 그가 제시할 수 있는 최선의 응답이다. 우리는 전지전능하지 않기 때문에 우리가 품을 수 있는 가장 합리적인 기대는 큰 실수 없이 응답하는 것이다. 따라서 우리는 개인심리학의 관점을 포함해 모든 견해를 시험하고 주의 깊게 증명해야 한다. 우리가 얻은 유익한 과학적 지식들은 상식적으로 적용되어야 한다.

또한 미움받는 아이들은 삶을 자신이 본 대로 받아들이고, 스스로 생각할 수 있는 최선의 반응들로 삶에 대응한다. 그리고 이 반응들을 기계적인 삶의 패턴으로 서서히 고정시킨다. 그때부터 삶의 세 가지 과제가 어떻게 연이어 나타나더라도 이 고정된 행동 방식으로 대응한다. 이 아이들의 삶은 유난히 긴장의 강도가 높아 보통의 아이들보다 더 높은 안전과 우월성의 목표를 세운다. 이 아이들이 받는 인상, 지각, 태도는 이들이 처한 불공평한 상황으로부터 영향을 받는다. 따라서 이들이 삶에서 어떤 새로운 측면을 배우는 경우는 드물며 단지 예전에 익힌 측면을 더 세부적으로 채우는 방법만 습득한다.

이 세 유형의 아동들에게서 우리는 전형적인 세 가지 열등감을 만난다. 이들은 모두 사회적 접촉을 줄이고 점점 더 좁은 관심 영역으로 자신을 고립시키는 경향을 나타낸다. 비사회적인 유형들은 종종 겉으로는 그런 성향을 감쪽같이 숨긴다. 언젠가 나는 자선활동가로 소문난 노부인을 방문한 적이 있는데, 부인이 눈물을 흘리고 있고 어떤 노인 역시 울면서 그녀 앞에 서 있었다. 내가 "무슨 일

공동체 감성의 결여와
남성적 저항

입니까?"라고 묻자 그녀는 "이 가여운 노인을 보세요"라며 흐느꼈다. "이분에게는 굶주린 아이가 다섯 명이나 있는데 10실링을 내지 못하면 집에서 쫓겨나게 생겼어요. 그런데 제겐 이분에게 드릴 돈이 5실링밖에 없답니다." 나는 "울지 마세요. 부인이 저분에게 드리는 후한 선물에 제가 약소하지만 5실링을 보태겠습니다"라고 말했다. 그녀는 호들갑스럽게 감사를 표하면서 내가 좋은 사람이란 걸 늘 알고 있었다고 말했다. 이제 나는 이 노부인이 매우 부유할 뿐 아니라 실제로는 사회적 관심이 없다는 것을 알게 되었다. 그녀는 친지들하고만 어울렸고 그 사이에서도 매우 지배적인 태도를 취했다. 자선 행위가 그녀의 성격과 상충되는 건 아니었다. 이 불쌍한 노인에게 품은 동정심과 안타까움이 그녀 삶의 주된 목적인 일종의 우월감을 안겨주기 때문이다. 단편적으로 나타난 감정을 라이프스타일 전체와 별도로 판단하는 것은 아무 소용이 없다. 심리학적 이해를 위해서는 모든 감정이 지향하는 목표를 인식해야 한다.

강박적 죄의식에 시달리는 소년

신경증적인 가상의 우월성을 높이기 위해 죄의식을 이용하는 것에 대해서는 앞서 주의를 환기시킨 바 있다. 내 경험들에서 이를 가장 분명하게 보여주는 사례 중 하나가 둘째 아이로 태어난 한 소년이었다. 이 소년의 아버지와 형은 정직한 성격으로 유명했다. 둘째 아이들이 흔히 그러하듯 이 소년의 우월성 추구는 주로 형을 능가하는 데 집중되었다. 일곱 살 때 소년은 형이 도와준 숙제를 혼자 힘으로 했다며 선생님에게 거짓말을 했다. 그 뒤 소년은 죄책감에 시달리며 3년 동안 이 일을 숨기다가 선생님을 찾아가 거짓말을 했었노라고 고백했다. 선생님은 이 일을 심각하게 받아들이지 않고 그저 웃기만 했다. 그래서 소년은 아버지에게 가서 감정에 북받쳐 속마음을 털어놓았다. 아버지는 아들이 진실을 소중히 여긴다고 만족스러워하면서 위로와 칭찬을 해주었다. 아버지의 용서를 받았지만 소년의 우울한 마음은 걷히지 않았다. 소년은 신경증적 강박으로 계속해서 자신이 거짓말쟁이라고 생각했다. 가정의 엄격한 도덕적 분위기와 학업과 인기 모두에서 형보다 뒤진다는 느낌이 합쳐져 소년은 가족이 가장 중시하는 덕목에 있어서는 우월성을 추구하려고 전력을 기울였다. 그래서 사소한 잘못을 평생 속죄함으로써 자신의 도덕성이 그 누구보다 높다는 걸 입증하는 데 남몰래 몰두했다.

소년의 증상은 신경증으로 발전했다. 부정행위와 자위를 했고 그 때문에 또 다른 자책감에 시달렸다. 시험을 치기 직전이면 항상 죄의식이 최고조에 달했다. 소년은 이런 식으로 어려움을 가중시킴으로써 자신이 형을 능가하지 못하는 데 대한 책임을 면하려고 했다. 그는 대학을 졸업한 뒤 기술 훈련 과정을 밟을 계획이었지만 그즈음 강박신경증이 악화되어 하루 종일 신에게 자신을 용서해달라고 빌었다. 당연히 일을 하는 건 불가능했다. 그는 정신병원에 입원했고, 처음에는 병원에서도 치유가 안 될 거라 생각했지만 상태가 호전되어 퇴원할 수 있었다. 그는 퇴원하면서 병이 재발되면 다시 입원시켜달라고 부탁했다. 그 뒤 그는 직업을 바꿔 미술사를 공부하기 시작했다. 하지만 이 과목의 시험을 앞두고 기이한 행동을 하여 아예 시험을 칠 수가 없었다. 그는 축일에 사람들이 붐비는 교회에 가서 신도들 앞에 엎드려 자신이 누구보다 더 큰 죄인이라며 울부짖었다.

이렇게 많은 사람이 모인 곳에서 주목을 받는 데 대성공한 것에서 우리는 그가 어린 시절에 품었던 것과 같은 패턴의 야심을 감지할 수 있다. 교회에 모인 모든 신도 가운데 가장 깊이 참회하는 사람이 되는 건 정직이 최고의 가치인 가정에서 가장 양심적인 사람이 되는 것과 같은 종류의 우월성을 얻는 일이었다. 최선은 아닐지라도 한층 더 좋은 일이었다. 정신병원에서 퇴원한 뒤 어느 날 그는 집에서 벌거벗은 채로 점심을 먹으러 나타남으로써 자기과시를 했다. 그는 체격이 좋은 사내였고 이 점에서는 다른 가족들과 충분히 겨룰 만했기 때문에 이런 짓을 저지른 것이다.

이 환자가 일과 시험에서 도망치는 것은 이 일상적인 상황들에서 두드러진 존재가 되지 못할까봐 두렵기 때문이다. 필요할 때마다 강해지는 죄의식은 그가 성공할 자신이 없는 행동들을 의도적으로 배제하는 것으로 보아야 한다. 악명 높은 비열한 방법으로 성공하려는 성향도 보이는데, 이는 그의 전반적인 목표와 일치한다. 알몸으로 밥을 먹으러 나타나거나 그 밖의 기행을 저지르는 것은 바로 이런 성향 때문이다.

의사의 과제는 환자가 자신이 무엇을 하고 있는지 깨닫게 하고 자기중심적인 관심을 사회적인 생활과 유용한 활동으로 옮겨갈 수 있도록 돕는 것이다. 이것은 개인심리학자가 훈련과 협력을 통해 습득해야 하는 기술이다. 과학과 원칙을 안다고 해서 치료에 필요한 완전한 신뢰를 얻을 수는 없기 때문이다. 예를 들어 바로 전에 설명한 사례에서 나는 환자와 상담한 지 15분 안에 그의 라이프스타일이 어떤 우월성의 목표 때문에 그렇게 형성되었는지를 정확하게 알아차려야 했다. 그러지 못하면 금세 환자의 거부감을 불러일으킬 게 분명했다. 나는 그가 어린 시절에 겪었던 어려움을 정확히 진술하고 형과 비교했을 때 자신을 하찮은 사람처럼 느낀다는 것을 점점 거부감 없이 드러내도록 차근차근 유도해야 했다. 그리고 나자 그는 자신이 정직성으로 어떻게 아버지를 감탄시켰는지, 어떤 꾀를 써서 사람들의 이목을 끌었는지 더 쉽게 인정할 수 있었다.

아직 환자에게 괴로운 부분인 잘못을 인정하고 바로잡아야 하기 때문에 개인심리학에서 쓰는 방법들은 의사의 뛰어난 기술과 솜씨를 필요로 한다. 다른 정신의학 학파들이 신경증을 성공적으로 치료했다는 것을 부정하는 건 결코 아니다. 하지만 우리 경험에서 보건대 그들의 방법은 환자가 의사와 좋은 인간관계를 맺고 무엇보다 환자에게 용기를 주는 방법을 썼을 때보다는 덜 성공적이다. 때때로 돌팔이 의사나 접골사가 한 사람의 삶에 대한 태도를 상당히 개선시키는 것이 사실이다. 보프레의 성 안나나 크리스천 사이언스_{신앙으로 병을 치유할 수 있다고 믿고 정신 요법을 주장하는 기독교 교파} 신봉자나 쿠에_{프랑스의 심리 요법 학자. '나는 날마다 좋아지고 있다'라며 자기 암시법을 사용한다}를 만나거나 루르드_{프랑스 오트피레네 주에 있는 마을. 성모 마리아의 발현으로 가톨릭 최대 성지가 됨}를 방문해도 삶에 대한 태도가 바뀔 수 있다. 그래도 우리는 모든 정신 장애의 치료는 환자가 자신의 잘못을 이해하도록 하는 좀더 단순하지만 훨씬 더 힘든 과정에 달려 있다고 확신한다.

이미 살펴본 것처럼, 환자 대부분의 라이프스타일은 어린 시절에 처했던 세 가지 전형적인 열등한 상황에서 비롯되었다고 볼 수 있다. 이러한 상황에 잘못 적응하여 정상적인 라이프스타일을 형성하지 못했으며, 이는 아이가 집 밖에서 사회적 문제들에 처음 직면하기 전에 이미 분명히 나타난다. 어린 시절의 이런 오류들 중 하나는 성적인 역할을 받아들이길 거부하는 것이다. 이 경우 남자아이가 여자아이처럼, 여자아이가 남자아이처럼 성장한다.

이런 오류들은 매우 흔하며 실제로 거의 모든 사람이 약간씩 그런 성향을 보인다. 아마도 모든 남성의 신체나 행동에 우리가 여성적이라고 느끼는 요소가 있을 것이다. 또한 여성들은 종종 매우 남성적인 신체 경향을 보여주는데, 항상 그에 상응하는 남성적 정신을 나타내는 것은 아니다. 그러나 잘못된 성적 특질은 신체보다 정신에 있는 경우가 더 많다.

생식선이 신체에 광범위한 영향을 미치는 것은 사실이다. 하지만 우월성에 대한 개인의 인식에 미치는 영향력은 매우 한정적이다. 자신의 진정한 성적 역할에 대해 혼란을 불러일으키는 주된 요인은 개인의 우월성의 목표 때문이다. 성도착자들의 정신 증상을 다룰 때는 이 점을 명심하고 생식선의 영향에 지나치게 많은 비중을 두어서는 안 된다. 정신적인 노력이 장기적으로 생식선에 영향을 미치는 것 역시 아마 사실일 것이다. 우리는 환자가 성에 대한 생각을 자신의 목표와 어떻게 연결시키는지를 먼저 살펴봐야 한다.

항상 남자가 되고 싶어하는 젊은 여성

현재의 우리 문화는 실질적이건 가상적이건 남성에게 특권을 부여하기 때문에 우월성의 목표는 항상 남성의 역할과 다소 연관된다.

여자아이의 열등감은 자신이 여자라는 사실을 인식할 때 현저하게 높아지며, 남자아이 역시 자신의 남성성을 의심할 때 열등감이 높아진다. 이들은 모두 자신이 남성적이라고 생각하는 행동들을 과장되게 하여 열등감을 보상한다. 내가 남성적 저항masculine protest이라고 부르는 이런 형태의 보상은 상황에 따라 매우 다양하고 복잡한 결과를 불러온다. 이런 사람들의 정신과 외형적 행동에서 주로 나타나는 증상은 이성에 대한 불필요하게 지배적인 태도다. 이러한 태도는 매우 야심 찬 라이프스타일과 초인적 능력을 지닌 남자나 지극히 제멋대로 구는 여자가 되겠다는 목표와 항상 연결되어 있다. 이들은 과도하게 긴장된 행동을 하는데, 이 사실은 우호적인 상황에서는 감춰질 수도 있지만 분명한 패배를 겪을 때는 명확하게 드러난다. 내가 인용한 사례들 중 일부에도 남성적 저항이 어느 정도 나타나 있지만 좀더 전형적인 예를 살펴보자.

신경증에 걸려 나를 찾아온 26세의 한 여성은 여섯 살 때 어머니를 잃은 뒤 그녀가 해달라는 대로 다 해주는 아버지와 함께 열세 살 때까지 살았다. 그녀의 최초 기억은 "나는 인형을 가지고 노는 걸 싫어했어요"다. 이것은 그녀가 정상적으로 발달하고 싶어하지 않았음을 보여준다. 아들러의 사고관은 일정하게 시대적·사회적 한계를 보이고 있으므로, 오늘날의 독자는 그러한 점을 감안해서 받아들여야 할 것이다. 성별관계에 있어 남녀의 역할과 성향을 분리하는 것이나 동성애를 '성적 일탈'로 규정하는 것 등이 그러한 예다. 그녀는 항상 거칠게 행동하고 싶어했고 전형적인 말괄량이처럼 남자아이들하고만 어울렸다. 여자아이들과 놀 때면 머리카락을 잡아당기거나 다른 장난으로 못 살게 굴었다. "남성과 여성에 대해 어떻게 생각하세요?"라고 물어보자 그녀는 "여자들은 속을 모르겠어요. 남자들은 솔직하죠"라고 대답했다. 이 말은 남성적으로 발달하고 싶은 의지를 훨씬 더 분명하게 보여준다.

덧붙이자면, 나는 여자아이에게 기차놀이를 하거나 나무에 올라가거나 남자아이들이 하는 놀이를 하지 말라고 하지는 않는다. 하지만 처음부터 자신의 올바른 성적 역할을 알고 준비하도록 양육된다면 나중에 많은 어려움을 덜 것이라고 확신한다. 물론 흔히 있는 경우처럼 여성의 무능함과 남성의 특권을 강조하는 분위기에서 자란다면 불가능한 일이다. 여성이라는 성을 깔보는 사람은 모두가 어떤 종류의 벌을 받게 되어 있다. 그런 사람은 진실과 현실에 모순적인 태도를 발달시키기 때문이다.

이 환자에게 남성과 여성에 대한 느낌을 말해보라고 했더니 그녀는 열세 살 때 사람들이 사랑에 빠졌다는 이야기를 들으면 비웃었다고 대답했다. 그녀는 스무 살이 될 때까지 사랑에 대해 전혀 알지 못했다. 이 사실은 그녀가 운동에 열정적이었다는 점과 더불어 자신의 성적 역할로부터 타조처럼 도망치게 했다. 그녀는 사랑을 고려할 가치가 없는 일이라 비웃고 운동을 뛰어나게 잘함으로써 자신의 여성성을 부정하고 싶어했다. 나는 자신의 여성적인 특성을 싫어하는 여성들이 흔히 경험하는 것처럼 그녀도 월경에 문제가 있어 고생하고 화를 잘 내는 성향이 되었을 것이라고 예상했다. 하지만 그녀의 경우는 그렇지는 않았다. 또한 딸의 응석을 다 받아주던 아버지는 그녀가 열세 살 때 재혼을 했는데, 그녀가 이 일에 화를 냈을 것이라 짐작했지만 실제로는 그렇지 않았다. 그녀는 무슨 일이든 여성적으로 구는 걸 경멸했다. 그래서 아버지가 재혼해서 자신이 자유를 얻을 수 있어 기뻤다고 말했다. 하지만 그때부터 아버지와의 사이에서 문제가 발생했고 그녀는 집을 떠나 자유롭게 살고 사회복지사가 되고 싶다며 아버지와 싸웠다. 그녀는 재정적으로 독립해 아버지를 이기고 싶어했다. 사회복지사가 되고 싶다는 마음은 아이들을 지배하겠다는 생각이 윤색된 것이다.

물론 환자들은 가족에게서 돈을 받고 싶지 않다는 뜻을 표현하는데, 이는 우리가 흔히 접하는 익숙한 상황이다. 환자가 그렇게 말하면 나는 종종 이렇게 대응한다.

"돈을 받는 게 나아요. 그러는 편이 결과적으로 가족들의 부담을 줄여줄 거예요."

이 환자에게는 남자친구가 많았지만 사랑에 빠진 적은 없었다. 사랑을 느끼는 건 열두 살이나 열세 살 무렵의 소년과 소녀에게는 흔한 일이고, 다섯 살이나 여섯 살 때도 드문 일이 아니다. 스물세 살이 될 때까지 그런 경험이 없는 사람은 사랑에 대한 준비가 되어 있지 않은 것이다. 사랑은 일찍부터 준비해야 하는 필수적인 인생의 과제이고 사랑에 대한 훈련은 삶에 대한 교육에서 꼭 필요한 부분이다. 통상적인 사랑도, 동성애와 같은 성적 일탈도 모두 훈련과 교육의 문제인 것이다.

이 여성은 스물세 살 때 사랑이라고 여겨지는 감정을 느꼈다. 지금까지 호감을 느꼈던 그 누구보다 더 많이 어떤 남성을 좋아하게 되었고 육체적 관계를 맺었다. 이런 자유로운 성관계는 아버지에 대한 반항심을 드러내 독립하려는 노력의 일환이자 남자처럼 되겠다는 결심의 표현이었다. 그런데 남자친구가 변심해 한동안 소식을 끊었다. 이 패배감을 견디지 못한 그녀는 그를 쫓아다녔고, 그 결과는 남성이 구애를 받는 건 체면이 깎이는 일이라고 가르치고 쉽게 구애를 받아들이길 꺼리는 우리 문화에서 지극히 예상 가능한 것이었다. 남자는 점점 더 냉담해졌고 결국 그녀는 그가 다른 여자와 함께 있는 모습을 목격했다. 그녀는 이 일로 남자를 비난했고 두 사람이 다투던 중 남자는 그녀에게 상스러운 여자라고 말했다. 그 뒤 남자는 완전히 종적을 감추고는 다른 여자와 결혼했다.

이 일이 있은 뒤 한동안 그녀는 남자들과는 운동만 했고 남자가 행여 다른 식으로 관계를 발전시키려 들면 겁에 질렸다. 한 남자친구가 그녀에게 키스하려 하자 도망친 일도 있었다. 나중에 그녀는 다른 남자와 사귀었다. 하지만 행복하지 않았으며 남자친구와 끊임없이 싸우고 결혼을 거부했다. 남자친구는 자신이 잠시 떠나 있는 게 좋겠다는 생각에 아프리카로 여행을 갔다. 하지만 그녀의 우울한 기분은 계속되었고 이제 첫 번째 남자친구와의 추억에 온통 사로잡혔다. 남자친구와 계속 싸우는 모습에서 우리는 그녀가 결혼을 거부하는 데 대한 변명을 하고 있음을 알 수 있다. 이미 결혼하여 차지할 수 없는 옛 연인을 다시 생각하는 것 역시 마찬가지다. 이럴 때 전형적으로 나타나는 증상이 성관계에서 만족하지 못하는 것이다. 그녀는 결혼을 할 준비가 되어 있지 않았다.

이 환자는 자신이 여성이라는 생각을 패배와 동일시했다. 그래서 여성적으로 행동하고 결혼에 대한 희망을 갖는 걸 참지 못했다. 운동에 매진하여 남자 놀이를 계속하는 편이 훨씬 더 쉬웠다. 한편으로는 그녀도 결혼이 자연스럽고 논리적인 사회적 요구라고 느꼈다. 이 상충되는 상황에서 두 가지 커다란 패배가 그녀를 더욱 낙심시켰다. 하나는 아버지가 더 이상 그녀의 응석을 받아주지 않고 재혼한 일이며, 다른 하나는 첫 애인에게서 버림받은 일이었다. 그녀는 또 다른 패배로부터 자신을 지키려고 사랑과 결혼을 가장 요원한 일로 제쳐두었다. 또한 이 문제로부터 절대 더 이상 앞으로 나아가지 않기 위해, 그리고 그런 자신을 정당화하기 위해 여성이 남성의 사랑을 계속 유지하기란 불가능하다고 스스로를 설득했다. 다른 많은 경우와 마찬가지로 이 환자의 사례에서 근본적인 난제는 여성의 역할은 확실히 부차적인 것이며, 따라서 그리 가치 있지 않다는 생각이다. 이런 생각은 사랑과 결혼에 불행을 불러오는 주요인이자 남성적 저항의 토대가 되는 착각이다.

4장 사랑과 결혼 문제

ADLER
CLASSIC
1

강연을 마무리할 때가 되면 나는 항상 사랑과 결혼에 대한 질문을 받는다. 그런 질문을 던진 사람들은 심리학 서적을 읽고 성적 충동이 다른 모든 행동을 일으키는 중심 동기라고 오해한 듯 보인다. 나는 삶의 한 기능을 이렇게 비정상적으로 강조하는 이유를 모르겠다. 물론 성충동이 가변적이긴 하지만 매우 중요하다는 것은 인정한다. 하지만 갖가지 징후들에서 성적 요소를 발견하는 일은 가능하다고 하더라도 실질적으로 그리 유용하지 않다. 또한 우리의 경험에 따르면, 성적 구성 요소들은 개인의 라이프스타일과의 관계를 고려하지 않으면 올바로 평가할 수 없다.

성적인 발달 단계는 개인의 라이프스타일이 작용한다. 개인이 지닌 원형의 라이프스타일을 파악해야만 성적 생활, 그리고 성적 생활의 변덕스러움, 망설임, 알기 어려운 미묘함을 모두 이해할 수 있

97

다. 원형은 개인이 삶에 적응하는 원래의 방식을 뜻한다. 정신적 원형은 네 살 무렵 완성된다. 원형은 남성과 여성 안에 있는 아기이며, 더 이상 자라지 않고 삶 전체를 끝까지 지배한다. 이 원형적 존재가 인간의 삶에서 가장 큰 힘을 발휘한다는 점을 감안하면 어떤 종교가 유아를 숭배하는 게 놀라운 일은 아니다. 원형은 변하지 않지만, 우리가 이를 인식하고 이해하게 되면 원형의 발현 양상을 무한히 개선시킬 수 있다.

사랑을 할 때의 행동을 지배하는 것은 각 개인이 지닌 이러한 원형인 아기 큐피드다. 사회적이고 타자에게 관심이 있는 원형이 발달된 사람은 상대에게 충실하고 사회에 책임감 있게 모든 사랑 문제를 해결할 것이다. 주목받으려 애쓰고 타자를 억압하려는 원형은 나중에 그와 같은 목표를 향해 성을 이용하는 형태로 발현될 것이다. 그런 원형을 지닌 사람은 지배하기 위해 성관계를 맺을 것이다. 이성을 배제한 제한적인 활동 영역에서 우월성을 얻고 형성된 원형은 나중에 동성애나 그 밖의 도착증을 낳기 쉽다. 성적 생활의 큰 윤곽은 이렇듯 조건들이 사전에 엄밀하게 갖춰져 있다.

따라서 목표, 특히 가장 원형적인 형태의 목표를 살펴보면 다양한 성적 욕구를 해석할 수 있다. 하지만 그 반대의 경우는 맞지 않는다. 본능이나 욕구를 연구한다 해도 개인의 정신 구조를 이해하지는 못할 것이다. 본능이나 욕구를 관찰해 정신 작용을 설명하려는 심리학자들이 자신도 모르게 라이프스타일을 직관적으로 추측한다는 점은 흥미롭다.

개인심리학의 관점에서 보면 사랑과 결혼은 성적 과제—인생의 세 가지 필수 과제 중 하나—에 대한 정상적인 반응이다. 그리고 사랑과 결혼이 개인에게 제시하는 특별한 어려움들을 이해하는 것이 우리가 할 일이다. 어린 시절에 사회적 삶에 대한 준비를 잘 갖춘 사람은 성적인 생활에 큰 어려움을 겪지 않을 것이다. 그는 용기, 낙관적 태도, 상식을 갖추고 있고 이 지구상에서의 삶을 편안하게 느끼기 때문에 유리한 상황과 불리한 상황을 똑같이 확고한 태도로 직면할 수 있다. 그의 우월성의 목표는 인류에 기여하고 창의력으로 어려움을 극복하겠다는 생각과 맥락을 같이한다. 정상적인 성적 표현에서 벗어나는 것에는 흥미가 없어 직관적으로 배제할 것이며, 유용한 목표에 따라 모든 감정과 행동이 정리되어 실현 가능한 형태로 사랑에 접근할 것이다. 한편으로는 사춘기의 사랑 관계와 교우 경험이 사랑을 훈련시키고 태도를 더 공고히 해줄 것이다. 불행한 사랑과 결혼을 다룬 책들(나쁜 행동을 알려주는 흔한 정보원)을 봐도 오해하지 않을 것이며, 맞지 않는 배우자와 불행한 경험을 한다 해도 인생행로가 망가지지는 않을 것이다. 일상적인 패배를 겪어도 사회생활, 일, 아름다움에 대한 그의 이상은 유지될 것이며, 미적 감각 그 자체가 인생에 잘 적응하는 장점으로 바뀌게 될 터다.

사회적 접촉이 부족하고 타자의 삶에 진정한 관심이 없는 사람들의 운명은 이와는 완전히 다르다. 이들은 제대로 된 준비 없이 사랑에 접근한다. 사랑은 성적으로 매력적인 타인을 향한 행동이기 때문에 모든 사랑의 문제는 사회적 문제가 된다. 준비를 갖추지 못한 사람들은 가장 사적이면서도 매우 사회적인 상황인 결혼 문제가 닥쳤을 때 그 어려움을 극복하지 못할 것처럼 느낀다. 그런 사람은 고립된 생활을 하도록 자신을 훈련시켜왔고 타인과 함께 살아가길 원하지 않는다. 따라서 협력이 필요하거나 이익이 되는 몇 가지 행동을 제외하고는 상대를 차단시켜버린다. 그는 결혼을 완전한 인간관계로 생각하지 않는다. 행복한 결혼생활을 하지 않은 부모에게서 사랑과 결혼에 관해 배움으로써 그러한 어려움이 더욱 가중된다. 대중소설에서 결혼은 보통 불행하게 그려진다. 아마 불행한 연애 이야기가 이런 소설의 대다수를 이룰 것이다. 독자들이 그런 이야기를 자신의 필요에 따라 이용하기 때문이다.

결혼의 주요 장애물 중 하나는 남성이 기능적으로 더 우월하다는 통념이다. 이런 생각 때문에 남성은 자신이 지배적인 입장이 될 것이라는 헛된 기대를 하고 여성은 자신의 역할에 저항하게 된다. 여성들은 "남성이 만든 세상"에서 노예 역할을 하는 걸 당연히 거부한다. 한 사람이 사랑이나 결혼으로 자신이 희생당했다고 느끼면 공동의 삶이 방해받기 때문에 이러한 적대감으로부터 많은 의심, 질투, 싸움이 싹튼다. 예를 들어 여성의 역할이 남성보다 나쁘거나 하찮다고 느끼는 여성은 자신의 우월성을 보여주려 노력하면서 남성과 일종의 경쟁에 돌입한다. 부부 중 어느 한쪽이 자신이 지배할 수 있는 약한 상대를 찾는다면 분명 실망할 것이다. 이것은 방관적 태도이기 때문이다. 베푸는 태도를 취해야 성공할 수 있다는 것은 사랑과 결혼에 관한 불변의 법칙처럼 보인다. 사랑과 결혼에 대해 주저하거나 갈팡질팡하거나 방관적 태도를 취하는 것은 사회적 삶에 대한 전반적인 준비가 되어 있지 않다는 표시이며, 그 사람은 인생의 가능성 가운데 상당 부분을 배제하는 성향을 지니고 있다고 추론할 수 있다. 그런 경우 그는 항상 자신의 행동을 정당화하지만, 결과적으로 사랑과 결혼을 무한정 미뤄버리는 데서 그의 진짜 목적이 드러난다. 이런 회피나 배제를 위해 택하는 방법은 흥미롭다. 이 방법들에는 성적 기능과 어느 정도 연결되어 있는 모든 신경증 증상이 포함된다. 그는 마치 성 영역에서의 말더듬이와 같다. 조루, 성적 관심과 만족감의 부족, 질경膣痙, 불감증은 모두 개인이 기꺼이 하려는 듯 보이는 행동들을 사실은 배제하겠다고 결심했음을 나타내는 징후들이다.

물론 성적인 목표는 삶의 목표와 조화를 이뤄야 하며 실제로 인생의 일부분이다. 그리고 이러한 목표에 가까이 갈 수 있으면, 그에 알맞은 생각과 감정들이 생겨나고 모든 반대되는 일은 배제된다. 반면 신경증 환자의 경우에는 삶의 다른 의무나 역할과 관련된 생각 및 감정들이 생기며, 정상적인 성적 행동을 억제 혹은 방해하거나 왜곡하는 부적절한 생각들을 받아들인다. 이렇게 해서 나타나는 발기부전을 비롯한 성적 장애들은 신경증적인 우월성의 목표와 잘못된 라이프스타일의 영향을 받는다. 이런 사례들을 연구해보면, 주지는 않고 받기만 하려는 태도와 공동체 감성, 용기, 낙관적 활동의 결여가 항상 드러난다.

물론 기능적 장애 외에 성적 협력을 배제하기 위한 다른 방법들도 있다. 종종 결혼에 대한 과장되고 비현실적인 이상을 품기도 하고 때로는 부적절한 상대(나이가 훨씬 많거나 불치병에 걸린 사람 혹은 미성년자 등)와의 관계를 원하기도 한다. 환자가 결혼을 장기간 미루면서 이와 같은 주저하는 태도를 일부다처제적 성향 탓으로 돌리는 경우를 연구해보면 종종 그 기저에 성적 도착이 드러난다. 이를 동기로 오인해서는 안 되고 주저하는 태도를 나타내는 표시로 인식해야 한다.

음주로 지배하려는 남편

결혼을 약속하기 전이건 후건 사랑과 결혼을 배제하려는 노력은 원형적인 혹은 유아기의 적응 방식이 그 바탕이다. 23세 때 처음 나를 찾아왔던 한 젊은이의 결혼생활에서 이 사실을 알 수 있다. 그는 직업도, 친구도 없는 사람이었다. 2년간 사귀던 여자와 1년 전에 결혼한 그는 그녀에게 계속 질투와 충고, 비판을 해댔다. 여자친구가 그와 결혼하고 싶어할 때는 매우 고분고분해 보여서 그는 우월감을 맛보았고 결혼이 어머니의 심기를 거스를 것이라는 사실도 즐겼다. 그러나 결혼을 하고 아내가 그리 순종적으로 굴지 않자 그는 때때로 화가 폭발했다. 그는 어린 시절 어머니와 누나가 자신이 원하는 걸 들어주지 않을 때마다 했던 것과 똑같이 행동했다. 당시 그는 고함을 지르고, 훈계를 하면 도망을 갔으며, 장난감을 부수고 옷을 찢었다. 자기 자신이나 소유물을 공격해 모든 가능한 방법으로 어머니를 괴롭혔다. 결혼 후에는 아내와 한바탕 싸운 뒤 폭음을 하고 잔뜩 취해 집으로 돌아왔다.

이 남성은 응석받이였다. 어머니는 두 살 때 아버지를 잃은 아들을 애지중지 키웠고, 그는 그런 상황의 아이들이 쉽게 그러하듯이 가족의 폭군이 되었다. 그리고 여덟 살부터 열세 살 때까지는 종종 기절을 했다.

화가 나면 기절하는 현상이 어떤 경우에는 신체 기관의 문제 때문일 수도 있다. 나는 분노하면 의식을 잃는 환자들을 보고 뇌의 혈액순환에 특이점이 있는지 의심했다. 이런 경우 소발작처럼 다양한 정도의 간질 발작이 일어날 수 있다. 이 환자처럼 분노가 배출되면 발자이 멈출 수도 있다. 그래시 그는 분노를 억시로 억누르지 않아도 되었다.

　개인심리학의 관점에서 분석하면, 어린 시절에 이런 행동이 반복되었을 것이고 이 환자는 타인과 중요한 충돌이 벌어지면 이와 같은 방식, 즉 스스로에게 해를 입힘으로써 상대를 괴롭히는 방법을 택했을 것이라 예상할 수 있다. 이런 행동은 주위의 냉담한 반응을 불러오기 때문에 분노와 상처가 그만큼 더 깊어진다. 이 환자의 경우 폭음으로 아내를 괴롭혔지만 그 방법이 효력을 잃자 부부싸움 뒤에 자살을 시도했다. 그는 심하게 자해를 했고 회복되는 데 오랜 시간이 걸렸다. 또한 부모에게서 많은 재산을 물려받은 점이 자제의 필요성을 더 떨어뜨렸다. 그는 한 가지 직업을 꾸준히 가진 적도 없는데, 열악한 근무 환경을 불평하며 이러한 실패를 정당화했다.

　이 사례는 응석받이들이 정복자가 되는 가장 좋은 방법을 알지 못한다는 것을 보여주고, 환자의 정신적 원형(라이프스타일)을 파악하지 않으면 알코올 중독과 같은 상태를 충분히 치료할 수 없다는 점도 확인시켜준다. 라이프스타일은 상황이 어떻게 변할지라도 그 개인의 우월성 추구를 돕는 형태로 변질될 수 있기 때문이다. 이런 환자를 삶의 무익한 측면으로 이끄는 주범은 음주가 아니라 그 자신과 우월성에 대한 관심이다. 따라서 가능한 모든 방법을 총동원해서라도 공동체 감성을 촉진시키는 것이 치료의 목표가 되어야 한다.

사랑과 결혼을 지배의 수단으로 이용하면 당연히 배우자는 견디지 못한다. 따라서 이 남성의 아내는 남편에 대한 모든 관심을 서서히 잃었다. 그는 이혼한 뒤 두 번 재혼했다. 세 번째 아내는 이혼한 여성이었는데, 그녀는 첫 번째 결혼생활 중 자살을 시도했었다. 남편의 무관심을 견디다 못해 바람을 피웠다가 발각되었기 때문이다. 그녀의 어머니는 딸에게 잔소리가 심하고 냉랭했으며 어머니의 두 가지 역할을 모두 수행하지 못했다. 그래서 그녀는 흔히 그러듯이 더 친절한 아버지에게 의지했고, 아버지는 딸의 응석을 받아주었다. 이 여성은 매우 부드러운 성격처럼 보였지만 비호의적인 상황이 닥치면 견디지 못했다. 그녀는 학교에서 끊임없이 말썽을 일으켰다. 친구가 한 명밖에 없었고 비사교적이었다.

그녀의 두 번째 남편은 막내아들이고 왼손잡이였는데, 손이 서툴러서 형들에게서 두들겨 맞고 계속 조롱을 당했다. 하지만 그는 야심이 강했고 어린 시절에 핸디캡 때문에 이기지 못했던 형들을 능가할 수 있길 간절히 원했다. 이런 야심은 부에 대한 정복욕을 자극하여 그는 부유하고 대단히 존경받는 사람이 되었다. 하지만 패배에 대한 두려움과 조롱에서 달아나고 싶은 마음이 이 남성의 원형(성격)을 형성했기 때문에 그는 고립을 좋아하고 이를 추구했다. 그는 자신에게 아첨하는 여성들과 두 번 결혼했는데, 두 번째 아내는 그가 상당량의 재산을 잃었을 때 만난 사람이었다. 돈은 그에게 자신이 형들보다 우월하다는 것을 상징했다. 이 여성은 모르핀으로 그에게 위안을 주려 했고, 그는 이 아내가 죽은 뒤에도 계속 모르핀을 맞았다.

앞서 언급한 세 번째 아내는 마약 상용 습관으로부터 그를 구하겠다고 결심하며 결혼했지만 초기의 노력은 실패로 돌아갔다. 여느 응석받이들처럼 그녀는 자신이 남편을 지배할 수 없다는 사실에 분노해 그를 벌주려는 마음으로 자신도 모르핀을 하기 시작했다. 그녀는 남편이 자신의 행동이 부른 끔찍한 결과를 보고 마음을 잡을 것이라고 생각했다. 하지만 예상은 빗나갔고 부부 모두 마약을 계속 남용했다. 곧 두 사람은 서로가 다른 상대를 찾고 있다는 걸 눈치 챘다.

부부는 몇 차례 모르핀 중독 치료를 받았지만 성공하지 못했다. 모르핀 중독을 불러온 복합적인 요인들을 생각해보면 실패가 놀랍지 않다. 한 요인은 조롱과 멸시를 피하기 위해 남편이 세운 유치한 우월성의 목표다. 또 다른 요인은 사업상의 걱정거리에 대한 그의 태도에 있다. 그는 모르핀에 취해 잠시나마 걱정에서 벗어날 뿐 아니라 주관적으로 타당한 변명도 할 수 있었다. 사업이 흔들리게 된 것을 모르핀 탓으로 돌릴 수 있었기 때문이다. 그는 자신이 모르핀을 하지 않았다면 모든 일에 성공을 거두었을 것이라고 계속해서 믿을 수 있었다. 그는 때때로 마약 습관을 구원이자 변명이라고 이야기했는데, 둘 사이의 연관관계나 모순을 이해하지 못했다. 이를 이해하기 위해서는 이 둘을 자신의 라이프스타일과 연관시키고 자신이 지나친 존경을 요구한다는 점을 알아야 했다. 그래야 존경을 얻는 더 나은 방법을 강구할 수 있을 것이다. 그의 일부다처제적 성향과 친구를 배척하는 태도는 사회적 적응력의 부족을 보여준다. 이는 단순히 모르핀을 끊는다고 치유될 수 있는 문제가 아니었

105

다. 그의 원형을 인식하여 성격 전체가 바뀌어야 했다. 갖가지 증상을 나타내던 환자가 병이 가벼운 경우에는 그 자신이나 의사가 그 증상들의 일관된 특성을 파악하기도 전에 증상이 사라질 수도 있다. 환자의 상황에 우호적인 변화가 생겼을 때, 또는 의사가 환자를 격려하거나 우연히 타자에 대한 환자의 관심을 회복시켰을 때 이런 일이 일어난다.

한편 아내는 약물 중독이 치유될 기미가 전혀 보이지 않았다. 두 번째 남편을 잃을 수도 있겠다고 느낀 그녀는 남편을 치료하려는 시도를 포기했다. 그리고 다른 사람들의 비판에 귀를 닫았고 어머니의 화를 돋우려고 오히려 모르핀 주입량을 매우 위험한 수준까지 늘렸다. 이것은 남편에게 무시당했던 첫 번째 결혼에서 했던 행동의 반복이었다. 약물 상용 습관은 일종의 자살 행위였다. 막내에다 아버지의 사랑을 독차지했던 그녀는 정복욕과 무능력감이 강했으며 "모 아니면 도"라는 신경증적인 신조에 따라 살았다. 이런 경우, 모든 것을 차지하겠다는 희망이 서서히 사라지기 시작하면 아무것도 남지 않는다. 그리고 이런 상태는 지독한 악습, 자살 혹은 정신 이상으로 나타난다. 자살로 삶과 죽음을 지배할 수 있다는 느낌은 삶의 무익한 측면을 향한 우월성의 목표가 극단적으로 표현된 것이다. 하지만 당연히 우리는 아버지와 남편이 그녀를 걱정스럽게 지켜보기 시작했다는 점에 주목해야 한다. 모든 사람이 그녀에게 더 다정하게 대했고, 그리하여 그녀는 자신의 힘과 중요성이 증대되었다고 느꼈다.

이상으로 알코올 중독, 상습적 마약 습관, 자살 성향을 치료하려는 여러 시도를 방해하는 근원적인 난제들에 대해 살펴보았다. 삶의 모든 일에는 그에 맞는 방법이 있고, 어떤 문제를 해결하려면 올바른 방법을 찾아야 한다. 예를 들어 높이가 5피트(약 150센티미터)밖에 안 되는 문을 통과하려 할 때 두 가지 방법을 쓸 수 있다. 하나는 똑바로 서서 걷는 것이고 다른 하나는 등을 구부리고 지나는 것이다. 내가 첫 번째 방법을 시도한다면 문틀에 머리를 부딪혀서 결국 두 번째 방법에 의지해야 할 것이다. 나는 이것을 '낮은 문의 법칙'이라고 부른다. 내게 몸을 굽히라고 강요하는 사람은 없지만 내 키와 문 높이 사이의 관계를 파악하지 못하면 나는 문을 통과하지 못할 것이다. 인생에서 중요한 개인적인 과제들과 우리의 관계 역시 마찬가지다. 사실을 인식하고 우리가 사용하는 방법을 그에 맞게 조정하지 않으면 현실과 충돌하게 된다.

모든 아이는 현실에 직면해 대체로 자신의 라이프스타일에서 해결 방법을 찾는다. 현실에 대해 개개인이 보이는 반응은 놀라울 정도로 다양해서 고대 시인들과 우화작가들은 이를 토끼, 여우, 황새, 뱀 등의 동물 종에 비유하기도 했다. 사실 라이프스타일은 각자의 관심사와 고유한 방식에 따라 저마다의 목표를 향해 움직이는 동물들과 비슷하다.

아이와 환경 사이의 긴장(긴장이 전혀 없을 수는 없다)이 어느 정도인지 정확히 계산하기는 불가능하다. 가족 내 출생 순서에 따라 많은 차이가 날 수 있는 데다 아이마다 민감성과 반응성이 다르기 때문이다. 따라서 전형적으로 열등한 위치에 맞서 각자 아주 다양한 우월성의 목표를 세운다. 많은 아이가 근력이 약하고 시력이 나쁜 비슷한 약점을 지니고 있지만 이들은 저마다의 독자적인 반응, 용기와 공동체 감성의 정도에 따라 곡예사나 화가가 되거나 그 외에 여러 가지 발달을 이루어 이런 약점을 보상받을 수 있다. 게다가 이들이 보상받아야 하는 약점들은 개인마다 미묘하게 다르다.

보통의 인생행로에서 벗어난 아이들을 일반적인 방법으로 재교육시킬 수는 없으며 이들의 상황에 맞춘 방법을 써야 한다. 비정상적인 기능을 타고났거나 발달시킨 아이는 완벽하게 정상적인 상황에서는 억압받는 것처럼 느낄 것이다. 예를 들어 위장병이 있는 아이는 몸무게가 늘지 않고 부실하게 성장한다. 주의 깊게 환경에 적응하도록 해주지 않으면 뻔한 결과가 이어져 아이는 염세적이고 적대적인 태도를 지니게 되며 아마도 호전적이고 화를 잘 내는 사람이 될 것이다. 이런 아이는 자신을 타자와 비교하여 질투심이 강한 성격이 되기 쉽다. 식사와 음식물에 대해 비정상적인 관심을 나타낼 수도 있으며, 물건을 모으고 쌓아두는 성향이 나중에 돈벌이에 몰두하는 식으로 발전할 수도 있다. 어릴 때 가정에서 충분한 영양을 섭취하지 못한 아이가 재산을 모으는 데 성공하는 경우는 흔히 있다. 아이가 자신의 위를 과도하게 의식하고 불안 성향을 보이면 조치를 취해야 한다. 신경증의 흔한 초기 증상이기 때문이다. 아이는 자신의 권리를 빼앗겼다고 느끼고 타자에 대한 흥미를 잃는데, 이는 아이의 장래에 있어 나쁜 징조다.

위장병이 있는 아이들은 부모와 의사를 애먹이기로 유명하지만, 어려움이 발생하는 것은 체질적인 결함보다는 오히려 그 결함을 보상하는 불완전한 방법 때문이다. 다른 신체장애 역시 마찬가지다. 신체장애와 전반적인 인생행로와의 연관관계를 더 잘 이해할수록 더욱 좋은 방법을 생각해낼 수 있다. 우리가 보편적으로 완벽한 방법을 발견했다고 주장할 수는 없지만 개인심리학의 원칙들에 따라 계속해서 올바른 방법을 찾으면 분명히 많은 실수를 피할 수 있을 것이다.

두통과 심계항진에 시달리는 정부

원형적인 태도가 사랑과 결혼을 지배하는 것은 한 여성 환자의 사례에 잘 나타나 있다. 이 여성은 둘째 아이였는데, 어머니는 몸이 약하고 예쁘장한 딸을 애지중지했다. 하지만 술고래인 아버지는 딸을 학대했다. 세 살 때 여동생이 태어나면서 어머니의 편애를 잃게 되자 그녀는 반항적이고 성마르게 구는 방법으로 이에 항의했다. 사람들은 그녀가 아버지의 나쁜 성미를 물려받았다고 여겼는데, 일부 심리학자는 이런 잘못된 의견을 지지할 것이다. 하지만 어떤 아이라도 환경이 그렇게 비우호적으로 바뀐다면 이와 같은 방향을 택할 수 있다. 실제로 공격적이거나 반항적이거나 지배하려드는 아이들의 태도에서 우리는 종종 동생의 출생으로 자기 자리를 잃은 경험 등 가정환경의 중요한 특징들을 정확히 추측할 수 있다.

그녀는 자라서 여배우가 되었고 수없이 많은 연애 끝에 결국 한 나이 든 남자의 정부가 되었다. 이렇게 자신이 우위에 설 수 있는 선택을 하고 이를 이용하는 태도는 깊은 불안감과 소심함을 나타낸다. 그러나 이 관계는 그녀에게 문제를 안겨주었다. 어머니는 딸을 나무랐고 남자는 그녀를 사랑했지만 아내와 이혼하지 못했다. 그러는 동안 여동생이 약혼을 했다.

이런 경쟁에 직면한 그녀는 두통과 가슴이 두근거리는 증상에 시달리기 시작했고 남자에게 걸핏하면 화를 냈다. 이것은 신경증적인 초조 증상이었고, 그녀가 나를 찾아온 것은 이 때문이었다. 이 증상을 보이는 환자 중에는 분노로 인한 심한 긴장 때문에 주기적으로 두통이 찾아오는 경우도 있다. 말하자면 환자가 아무런 증상도 보이지 않던 기간 동안 감정이 축적되는 것이다. 감정적 긴장은 실제로 혈액순환에 변화를 불러와 삼차신경통三叉神經痛(얼굴의 감각을 담당하는 삼차신경의 이상으로 얼굴 한쪽에 통증이 발작적으로 몇 초 동안 나타남), 편두통, 간질성 발작을 일으킬 수 있다. 그러한 순환 장애는 극심한 분노로 유발되는 호흡기 경련과 질식감에 의해 발생한다.

신체 기관에서 원인을 찾기 힘든 삼차신경통의 경우 나는 예전에 (1910년) 이미 심리적 요인의 중요성을 강조한 바 있다. 물론 심리적 요인들은 감정이 유발한 혈관 장애를 통해 작용하며 그러한 혈액 공급을 방해하는 일이 잦다보면 결국 신경계 조직에 손상을 일으킬 수 있다.

화를 잘 내는 성향은 과도한 야심과 관련이 있다. 두 가지 모두 패배감으로부터 달아나기 위한 경쟁적인 노력이 원인이며, 끈기 있게 노력해도 목표를 이룰 수 있을지 확신이 들지 않아 종종 울화통을 터뜨림으로써 삶의 무익한 측면으로 도피하고자 하는 비사교적인 성격의 사람에게 나타난다. 아이들은 상대에게 두려움을 불러일으켜 상대를 이기거나 혹은 적어도 우월감을 느끼기 위해 그런 분노를 이용한다. 1910년에 내가 처음 두통의 신경증적 원인에 대해 이야기하기 전까지 학계에서는 이에 대해 알지 못했다. 하지만 고대에는 널리 알려져 있있음이 분명하다. 로마의 시인 호라티우스(기원전 65~기원전 8)는 「마에케나스에게 바치는 송가」에서 자신은 변하지 않고 다른 사람들만 바꾸려고 하는 야심 강한 사람들에 대해 쓰면서 이들이 두통과 불면증에 시달렸다고 언급했다.

다시 앞의 사례로 되돌아가보자. 이 여성의 병은 결혼을 서두르기 위해 신경증이라는 방법을 썼지만 전혀 효과를 얻지 못해 나타난 결과였다. 유부남인 남자친구는 그녀의 두통을 몹시 걱정하며 이혼하려고 애썼다. 하지만 그는 그리 용기 있는 사람이 아니어서 반대를 뚫고 이혼을 진행시키지 못한 채 질질 끌었다. 그러자 그녀는 이 남자와 헤어지고 다른 사람과 결혼하려 했다. 하지만 새로 사귄 남자가 굉장히 무식하다는 걸 곧 알게 되어 예전 연인에게로 돌아왔다. 환자에 대해 상담하려고 나를 만나러 온 그(유부남)는 서둘러 이혼하고 그녀와 결혼할 것이라고 말했다.

당장 겪고 있는 증상은 쉽게 치료할 수 있다. 사실 내가 없어도 나았을 것이다. 그녀는 두통을 이용해 뜻을 이룰 만큼 강하기 때문이다. 그녀의 목표는 하루빨리 남자친구를 이혼시키는 것이었다. 이는 여동생에게 지지 않으려는 어린 시절의 목표와 연결된다. 이혼 절차가 진행되기 시작하자 두통이 사라졌다.

나는 환자에게 두통과 여동생에 대한 경쟁적인 태도 사이의 연관 관계를 설명했다. 그녀는 정상적인 방법으로는 자신의 우월성의 목표를 달성하지 못한다고 느꼈다. 관심이 자신에게만 집중되고 성공하지 못할까봐 전전긍긍하는 아이였기 때문이다. 그녀는 오로지 자신에게만 관심이 있으며 지금 결혼하려는 남자를 좋아하지 않는다는 사실을 인정했다.

그녀의 심계항진心悸亢進(심장이 두근거리고 맥박수가 증가하는 심박급속증)은 두 번의 임신과 낙태로 인해 생겼다. 그녀는 의사에게 아이를 낳기에는 몸이 지나치게 약하다고 말해 낙태를 정당화했다. 그녀의 경우 긴장된 상황에 있거나 화를 억누르면 심장에 자극이 오는 건 사실이었다. 하지만 그녀는 점차 이 증상을 이용했고 아이를 낳지 않고 싶은 마음을 정당화하기 위해 이를 과장했다. 오로지 자기 자신에게만 관심이 있는 여성들은 일반적으로 아이를 낳지 않으려 해서 타자와 사회에 대한 관심의 부족을 보여준다. 물론 때로는 야심 때문에, 혹은 열등하다고 여겨질까봐 두려워 아이를 원하기도 한다.

여기서 이 환자의 꿈을 이야기해볼 만한 가치가 있다. 꿈에서 그녀는 옷을 잘 차려입은 채 알몸의 아기를 안고 있었다. 그녀는 쾌활해 보이는 갈색 얼굴의 아이에게 말했다.

"난 널 돌봐줄 수 없어. 널 포기해야 돼."

그러자 아기가 대답했다.

"응, 맞는 말이에요."

그 말을 들은 그녀는 꿈속에서 울기 시작했다. 그때 한 남자가 지나갔고, 그녀는 시선을 피하려고 고개를 돌렸다. 하지만 그 남자는 그녀를 도와주고 싶어서 쳐다보았다.

아기가 발가벗었다는 것으로 그녀는 자신이 아이를 갖기에는 몹시 가난하다고 말하고 싶어한다. 여동생은 부자와 결혼하기로 되어 있었지만, 그녀는 자기 옷을 살 정도의 돈밖에 없고 아기에게 쓸 여윳돈은 없었다. 아기의 얼굴색이 갈색이라는 것은 그녀가 건강한 아이를 낳을 수 있다는 뜻이다. 하지만 꿈속의 아이는 그녀의 말에 동의하여 모든 사람이 그녀가 아기를 낳을 수 없다는 걸 안다고 안심시켰다. 당시 이 환자는 몸 상태가 더할 나위 없이 좋다고 말했지만 실은 아침저녁으로 심계항진에 시달렸다. 이것은 그녀가 자신의 약한 심장이 아이를 낳지 않는 데 대한 변명이 되어줄 것이라는 생각에 매달리고 있음을 보여준다. 그녀는 아이를 낳는 일을 고려하기에는 지나치게 이기적이었고 삶의 무대에서 주인공이 되고 싶은 열망이 강했다. 게다가 유아 시절에 아기이던 여동생과 경쟁을 겪었기 때문에 아기를 잠재적인 경쟁자로 생각했다. 지나가던 남성은 나인 게 분명했고 그녀가 고개를 돌린 건 내게 마음을 완전히 터놓고 싶지 않다는 표시였다. 그녀는 내가 자신을 나무랄까봐 걱정했으며, 내가 그녀의 공동체 감성을 발달시키고 싶어한다는 걸 알고 있었기 때문에 그녀가 아기를 낳길 바랄 것이라고 생각했다.

한 여성이 아이를 낳을지 말지의 결정은 전적으로 본인이 내려야 한다. 적어도 나는 그렇게 생각한다. 사회적 관심이나 아이에 대한 애정이 없는 여성에게 아이를 강요해봤자 소용없다고 본다. 그런 여성은 아이를 제대로 키우지 않을 게 분명하기 때문이다. 그런 경우 나는 먼저 그 여성을 사회적으로 적응시키는 쪽을 택한다. 그러면 분명 그녀는 누가 권하거나 강요하지 않아도 아기를 낳고 싶은 마음이 들 것이다.

프로이트 학파의 심리학자들은 그때나 지금이나 사랑을 배척하는 사람은 자신의 리비도libido(성본능)를 억압하고 있다는 거의 불변의 결론을 고수하고 있다. 하지만 우리는 사랑을 배척하는 것을 개인의 우월성의 목표와 연관시켜 진단과 치료 모두에서 큰 진전을 이루었다. 정상적인 결혼의 가능성을 지속적이고 완강하게 배제한다면 그 사람은 다른 관계들에서도 신경증적인 태도를 보이고 더 전반적인 사회적 행동을 배척하기 때문에 결혼을 사회적 필요라는 관점에서 보고 싶어하지 않는다는 표시다. 이런 사람은 사랑이라는 인생의 과제 앞에서 주저하거나 회피하는 태도를 보이거나 애정관계에서 비정상적인 성향을 보이는데, 둘 모두 개인의 라이프스타일의 요구와 자신이 처한 상황에서 가능한 일과의 관계를 잘못 이해한 데서 생겨난다. 이 관계를 더 잘 이해하면 더 나은 행동을 하게 될 것이다. 개인적인 목표는 한 가지 방법만으로는 달성할 수 없으며, 모든 방법에는 순서에 맞춰 꼭 해야 하는 일들이 있다. 신경증 환자는 야심을 이룰 훨씬 더 쉽고 좋은 방법들이 있는데도 가장 힘들고 외로우며 비현실적인 길을 택하면서 그 대가를 치른다. 어떤 면에서 라이프스타일은 개인의 삶에 대한 지배력을 절대 포기하지 않는다고 말할 수 있지만, 그 원형의 법칙을 충족시킬 더 좋은 방법들이 있다.

우리는 사랑이라는 과제를 가장 사적이고 유기적으로 결정되는 사회적(대인관계) 행동으로 보아야 하며, 이런 관점은 잘못을 지속적으로 바로잡아주는 역할을 한다. 개인심리학의 이러한 견해가 절대 진리를 알려주는 것은 아니며 돌의 낙하 경로를 계산하는 것처럼 정확하게 결혼의 앞날을 예측하지는 못할 수 있다. 그러나 그 돌은 진리의 세계에 있는 반면 우리는 인간적인 오류의 영토에 살고 있다. 개인심리학의 방법을 사용하면 큰 오류를 작은 오류로 바꿀 수 있다. 우리가 절대적으로 옳지는 않더라도 사회적 방향에서 다른 방법들보다 더 나은 방법으로 사람들이 자신의 목표에 접근하도록 도울 수 있다고 믿는 것은 이 때문이다. 정신의 세계에서 개인의 방향성을 잡아주는 원리들 중 우리가 믿는 방법보다 더 나은 것은 없다. 우리의 믿음은 매우 훌륭한 결과를 낳았다. 큰 오류는 신경증을 일으킬 수 있지만 작은 오류를 범하면 거의 정상적인 사람이 될 수 있다.

5장 신경증적
라이프스타일과
심리치료

사람은 자기 자신을 몸 전체로 표현하기 때문에 한 사람의 움직임(어떻게 걷고, 앉고, 웃고, 꼼지락거리는지)을 관찰하는 일은 그의 말을 듣는 것보다 종종 더 유익하다. 그리고 더 나아가 증상을 진단하는데 이를 적용할 수 있다. 예를 들어 구토는 흔히 그 사람이 무언가에 동의하고 싶지 않다는 표시다. 다른 사람에 대한 공격 혹은 어떤 방식에 대한 거부를 나타내는 것이다. 기절 역시 자신이 완전히 무력하다고 느껴지는 상황을 효과적으로 거부하는 방법이 될 수 있다.

내가 사람이 말을 더듬는 이유가 신체 기관의 원인을 알 수 없는 어떤 미묘한 결함 때문이라고 믿는다면 어떻게 말더듬이를 치료할 수 있겠는가? 나는 말더듬이들은 타인과 어울리길 원치 않고 혼자 있을 때는 대개 유창하게 말할 수 있다는 충분한 증거를 갖고 있다. 이들은 낭독이나 암송도 훌륭하게 할 수 있다. 그래서 나는 말을 더듬는 현상을 타인에 대한 자신의 태도를 나타내는 것으로 해석할 수 있다고 본다.

하지만 왼손잡이 아이들에게 오른손을 쓰라고 훈련시키면 말을 더듬게 될 수 있다는 미국의 통념은 시사하는 바가 있다. 이런 현상은 어디까지나 잘못된 방법으로 아이를 훈련시켜 아이가 이해심 없는 비판에 대한 반발로 반사회적인 편견을 품게 되었기 때문이다. 기계적이고 경쟁적인 교육 방법은 왼손잡이 아이가 실질적으로 적응에 더 어려움을 겪는다는 사실을 고려하지 않는다. 그래서 아이는 교사를 걱정시키거나 짜증나게 하는 장애로 이에 보복한다. 아이가 오른손을 쓰도록 훈련받아야 할 신체적 이유는 없다. 우리는 오른손잡이 문화에서 살고 있기 때문에 왼손을 쓰면 나중에 때때로 열등한 것처럼 느껴질 수 있다. 기술직, 상업직, 심지어 사회생활에서도 왼손잡이는 눈에 띄는 장애나 방해물일 수 있다. 하지만 왼손잡이들은 상당 규모의 소수자들이며 권리를 보호받아야 하기 때문에 이들을 오른손잡이 세상에 적응하도록 훈련시킬 때는 올바른 방법을 써야 한다. 왼손잡이는 어릴 때는 분명 더 큰 어려움을 겪는다. 남과 다른 특성을 인정받지 못하고 서투르다고 야단맞기 때문이다. 그런 아이는 집과 학교에서 겪는 다른 모든 어려움을 자신의 서투른 손과 연결시키고 의기소침해져서 자기 자신에게 과도한 관심을 쏟는다. 그리하여 왼손잡이 아이들은 종종 세상이 위험한 곳이라는 느낌을 받으며 다른 사람들보다 신경증에 걸리기 쉬워진다.

나는 인간의 약 35퍼센트가 왼손잡이라고 생각하는데, 이들 중

대부분이 그 사실을 알지 못한다. 왼손잡이인지 알 수 있는 몇 가지 방법이 있다. 가장 잘 알려진 간단한 방법은 양손을 깍지 껴보라고 하는 것이다. 왼손잡이는 본능적으로 왼쪽 엄지손가락이 오른쪽 엄지손가락 위로 가게 깍지를 낀다. 왼손잡이들은 흔히 왼쪽 눈이 오른쪽 눈보다 더 높고 몸의 좌우대칭에서 왼쪽이 더 발달되어 있다. 요람에 누워 있을 때에도 아기가 대개 몸의 오른쪽보다 왼쪽을 더 많이 사용하는 것을 볼 수 있다. 이런 아이들에게는 오른손잡이 세상에 적응하는 것이 다소 혹독한 시련으로 다가온다. 대체로 나는 심한 악필을 보면 의기소침해진 왼손잡이의 글씨라는 것을 알아차린다. 반면 아주 잘 쓴 글씨를 봐도 왼손잡이의 솜씨라는 것을 아는데, 이는 어려움을 성공적으로 극복한 경우다. 오른손을 능숙하게 발달시킨 왼손잡이는 예술이나 공예에 재능을 보이기도 한다. 화가 중에는 양손을 똑같이 잘 쓰는 왼손잡이가 적지 않다.

왼손잡이 아이들은 글을 오른쪽에서 왼쪽으로 판독하기 때문에 읽기를 배우는 데 종종 상당한 어려움을 겪는다는 것은 일반적으로 알려져 있지 않은 사실이다. 이런 혼동은 아이들에게 설명을 제대로 해주면 바로잡을 수 있다.[13]

감각기관이 불완전한 아이는 타인들과 더불어 살아가는 방법들에 제한을 받는다. 이들은 어쩔 수 없이 다른 사람들과 행동의 차이를 보이는데, 현명한 방법으로 격려하지 않으면 이런 차이를 아주 부담스럽게 느낄 수 있다. 시력이 불완전한 아이는 움직일 때 위험하다는 것을 알기 때문에 조심스럽게 걷는다. 보는 데 곤란함을 겪기 때문에 보는 일에 더 관심을 갖게 되며, 불완전한 시력을 잘

신경증적 라이프스타일과
심리치료

보상하면 시각적인 사람이 될 수 있다. 듣기나 거동에 장애가 있는 경우도 유사한 보상이 일어날 수 있다.

예를 들어 구스타프 프라이타크(19세기 독일 소설가)는 심한 근시였지만 안경을 쓰지 않았다. 많은 것을 볼 수 없으니 주위 환경이 어떠한지 상상하는 데 관심을 쏟았고, 그 덕분에 발달한 상상력은 작가로서의 훌륭한 자질이 되었다. 괴테, 실러, 밀턴, 그 외의 많은 훌륭한 시인이 시력이 나빠 고생을 했고 위대한 화가 중에서도 그런 사람이 많았다. 시력이 완벽하게 정상인 아이는 보이는 현상들에 신경을 집중하지 않을 뿐 아니라 이를 당연하게 여긴다. 그렇다고 시력의 결함이 꼭 재능이나 뛰어난 역량으로, 혹은 사회적으로 유용한 방식으로 보상받을 것이라고 가정해서는 안 된다. 용기가 있고 상황이 우호적일 때에만 긍정적인 보상이 이루어질 것이다. 그래야만 청각 같은 감각 기능의 특별한 발달을 기대할 수 있다. 상황이 비우호적이거나 용기가 부족하면, 가령 아이가 아무것도 보고 싶어하지 않는 형태로 부정적인 보상이 나타난다.

시력이 정상적인 아이들이 때때로 시력에 의존하는 관심사를 발달시킬 수도 있지만, 보는 것의 필요성에 직면한 적이 있는 경우에나 그러하다. 장애물에 대한 인식 없이는 어떤 진전도 이루어지지 않는다. 성공을 위해 용기 있게 노력할 때 자극제로 작용하는 것은 방해물로 보이는 요소들이다. 베토벤, 스메타나(19세기 체코 민족음악의 창시자), 드보르자크(19세기에 체코 음악을 국제화시킨 작곡가), 그 외의 음악가들에게 청각 장애가 있었다는 점은 이미 언급했다.

우리 문명은 오른손잡이 위주일 뿐만 아니라 남성 중심이기도

하다. 그리하여 우월성을 향한 노력이 남성적인 태도를 지나치게 발달시키는 경향이 있다. "어떤 남성도 여성이 되길 원하지 않는다"라고 말한 임마누엘 칸트처럼 몇몇 위대한 철학자가 이 점에 대해 언급했다. 나는 남성들 가운데 여성이 되고 싶어하는 사례들을 알고 있기 때문에 이 말에 완전히 동의하지 않는다. 예를 들어 안짱다리인 한 남성은 스커트로 흉한 다리를 감출 수 있는 여자가 되고 싶어했다. 또한 귀여움을 받으려고 여자가 되고 싶어하는 응석받이 소년들도 있다.

나는 여성이 남성과 동등한 입장으로 세상에서 자신의 자리를 찾는 것에 반대하지 않는다. 하지만 남자아이와 여자아이들을 어릴 때부터 각자의 사회적 역할을 받아들이도록 키우는 것이 낫다고 생각한다. 여자아이가 자신이 남자로 바뀔 수 있다고 생각하는 건 이 아이에게 여성의 역할이 평등해 보이지 않기 때문이다. 그래서 아이는 영원히 열등할 것이라 느껴지는 것에 저항한다. 프로이트 학파에서는 이를 소위 "거세 콤플렉스"라고 부르면서 여성이 종종 자신의 남성 생식기가 잘려버렸다는 공상을 하기 때문에 생기는 것이라고 주장한다. 하지만 이런 견해는 결과를 원인으로 오인하는 것이다. 거의 모든 여성은 때때로 남자가 되고 싶어하는데, 자신이 여자인 것이 더 좋다고 말하는 여성도 마찬가지다. 그 이유는 남성의 지위가 더 안전해 보이기 때문이다. 이는 여성이 양자의 장단점을 저울질한다는 것을 보여준다. 헤르더(1744~1803, 독일 철학자, 문학자)가 수집한 신부들의 노래를 살펴보면 놀랍게도 모두 슬픈 노래 일색이다. 이 사실은 결혼생활에서 인정받거나 존중받지 못할까봐 불안해하는 여성들의 마음을 보여준다. 소녀에서 여성으로 성장하는 사이의 혼란기에 여성은 처녀성을 잃는 것을 마치 잠재력이나 존엄성을 잃는 것처럼 두려워한다. 의심 많은 태도, 사랑과 결혼에서 도망치고 싶어하는 마음, 질경, 임신을 겁내는 태도, 성도착증 등 여성들에게서 나타나는 다양한 현상의 원인이 바로 이 느낌이다.

여자아이들은 종종 사내아이처럼 옷을 입고 남자처럼 노는가 하면 심지어 남자 이름으로 불리기도 한다. 한번은 나와 함께 걷고 있던 다섯 살 된 한 여자아이가 남자아이의 옷이 진열된 상점으로 나를 이끌었다. 아이는 내게 남자 옷을 사달라고 했다. 나는 머리를 써서 대답했다. 원한다면 사주겠지만 남자아이들은 누구도 여자아이의 옷을 입고 싶어하지 않을 것이라고 말이다. 아이는 잠시 말이 없더니 남자아이의 외투를 가리키며 말했다.

"그러면 저 코트만이라도 사주시지 않을래요?"

이런 아이는 자신의 성적 역할이 바뀌지 않는다는 것을 두세 살 무렵에 확실하게 인식하지 못했을 것이고 이러한 불확실성이 정신적 원형의 형성에 영향을 미쳤다고 추정할 수 있다. 주위 환경이나 교육이 여자아이에게 남자를 흉내 내도록 자극한다면 그 아이는 나중에 인간으로서 자신의 과제에 부딪혀야 할 때 큰 어려움을 겪게 될 것이다. 그러므로 여자아이들에게 여성의 역할이 더 낮은 것처럼 가르쳐서는 안 되며 여성의 특별한 사회적 책임과 가능성을 보고 느끼도록 교육해야 한다. 이러한 준비를 갖추지 못한 여자아이들은 나중에, 특히 처음으로 약간의 자유와 독립을 얻게 되는 청소년기에 이 교육이 필요해질 수 있다. 이들은 흔히 남성적인 방식과 태도를 과장하고 싶어하며 특히 음주와 자유로운 성생활 등을 모방하려 한다. 오늘날 남성적 저항masculine protest은 모든 연령의 여성에게서 널리 나타나는데, 이 여성들은 흡연을 하고 짧은 치마를 입으며 머리를 짧게 자르고 남성적 태도에 가까운 일이라면 뭐든 한다.

예언자라고 생각하는 소년

15세의 한 소년이 요양원으로부터 내게 보내졌다. 소년은 뜻 모를 손동작을 하고 얼굴을 일그러뜨리는가 하면 이상한 말을 해서 이미 여러 의사에게 치료를 받은 터였다. 종종 분명한 이유 없이 비명을 지르기도 했다. 조현병과 비슷한 증상이었지만, 소년은 결국 내게 자신의 비밀을 털어놓았다.

"말도 안 되는 소리라는 걸 알고 있지만 저는 제가 예언자라고 생각해요. 이건 아무도 알아서는 안 되는 비밀이에요."

나는 며칠 안에 그를 치료할 수 있었다. 소년은 다른 사람들과 어울리기를 싫어했고 기이한 행동으로 스스로를 고립시켰다. 소년에게는 여동생이 한 명 있었는데, 오빠 자리란 항상 힘들기 마련이다. 소년은 학교 성적이 우수했지만(사실 학교에서 공부를 가장 잘했다) 삶에서 특별한 역할을 하겠다는 결심이 사람들에게 반감을 심어주었다. 소년이 혼자서 우월감을 충분하게 느낄 수 있는 비현실의 세계로 달아난 이유는 오직 겁이 많아서였다. 마침내 소년은 남들과 다른 언어를 쓰는 지경에 이르렀고 동급생 전체를 승리한 적국으로 생각하게 되었다. 왜냐하면 동급생들이 그를 괴롭히고 때렸기 때문이다!

한편 소년은 집에서는 여동생이 성장을 하고 있는 까닭에 자신이 다시 우월성을 잃을 것이라는 느낌이 점점 더 심해져 혼란에 빠졌다. 소년은 부모에게 자신이 억눌리는 느낌에 시달린다고 털어놓을 용기가 없었으며 학교에서는 공상 속으로 도피했다. 꿈속 세상에서 그는 자신을 예언자로 만들었다. 특이하게 얼굴을 일그러뜨리고 찌푸리기 시작한 것은 원래 부모의 관심을 끌려고 생각해냈던 제스처들을 본뜬 것이었다.

소년이 내게는 자신이 위대하다는 비밀을 밝힐 수 있다고 느꼈기 때문에 나와 함께 긍정적인 방향으로 나아갈 수 있었다. 소년은 이러한 상호 신뢰를 바탕으로 자신과 타자와의 관계를 논의하고 재검토할 수 있었으며 내 설명과 격려로 삶에 적응하겠다는 자연스런 욕구를 회복했다. 나는 응석받이들이 친구들의 괴롭힘으로 고통받은 비슷한 사례들을 알고 있다.

예언하는 말을 내뱉지 못하는 상인

신경증이 예언자라는 역할과 연결된 또 다른 사례로 40세의 한 상인을 들 수 있다. 이 남성은 사람들과 이야기를 하지 못해 내게 도움을 청하러 왔다. 그는 사람들과 함께 있으면 무대공포증과 비슷한 긴장감에 짓눌렸다. 몸이 떨리고 얼떨떨하고 당황해서 숨이 막힐 것만 같았다. 그는 열두 살 연상의 과부와 결혼했는데 아내는 예전에 어머니가 그랬던 것처럼 그의 비위를 다 맞춰주었다. 그는 아내와 몇 안 되는 친구들, 그리고 고객들과는 별 어려움 없이 이야기를 나눌 수 있었지만 그 범위를 넘어서면 감당을 못 했다.

나는 그가 예언적인 꿈을 꾸었다고 털어놓은 뒤에야 이 이상한 증상의 단서를 잡았다. 나는 이 남성의 우월성의 목표가 신과 특권적이고 특별한 관계가 있는 예언자가 되는 것이 아닌가라는 생각이 들었다. 그래서 "아마도"라는 말로 서두를 열며 이런 생각을 조심스럽게 내비쳤다. 그는 곧장 대꾸했다.

"내 친구들은 전부 제게 예지력이 있다는 걸 알고 있습니다. 제 아내도 그렇고요. 그걸 증명해줄 사례가 많답니다."

바로 이 생각이 그가 겪고 있는 어려움의 원인이었다. 사람들 사이에서 거리낌 없이 이야기하다보면 자신이 알고 있는 것의 오류가 드러날 위험이 있고, 그러면 예언자로서의 명성을 해칠 수 있었다. 그는 이런 패배를 겪을 가능성이 있는 상황에 직면하면 긴장하여 숨이 막힐 지경이었다. 그래서 이렇게 불가사의하게 말을 하지 못하는 증상으로 자신의 예지력을 지켰다.

우리는 환자와의 첫 면담에서 그가 겪고 있는 증상이 실제로 신경증인지를 확인해야 한다. 나는 환자의 고충을 들은 뒤 한두 가지 방법을 진행한다. 신체 기관에는 실질적인 이상이 없다고 여겨지면 그 부분은 고려 대상에서 제외하고 환자의 환경과 라이프스타일을 조사한다. 반면 신체 기관에 분명한 이상이 있는 경우라면 불만과 고통이 질병으로 정당화될 수 있는 정도보다 더 큰지, 다시 말해 신체 기관의 병과 정신적인 병이 결합되었는지를 검토한다. 예를 들어 나는 환자가 병증보다 더 심한 고통을 겪는 경우와 병에 영문 모를 흥분이 동반되어 열이 더 높아지는 경우를 종종 발견했다. 신체적 병이 있을 때 환자의 전반적인 생각이나 태도에 따라 식욕도 다양하게 나타나며, 환자가 염세적이 되거나 정신적으로 무기력해지면 심각한 병이 장기화되거나 치명적인 영향을 받을 수도 있다.

이런 사례들에서 가장 시급한 일은 환자가 도저히 스스로 해결할 수 없다고 느끼는 문제들에 직면해 있는지를 알아보는 것이다. 물론 이것을 단도직입적으로 파악할 수는 없다. 나는 가능하면 어린 시절부터 시작해 환자의 인생 과정에 관해 이야기를 나누고, 특히 자신이 약하고 무능하다는 고통스런 느낌을 드러내거나 감추는 사건과 시기에 주목한다. 그러면서 기관 열등성의 징후가 나타나는지 주의 깊게 관찰한다. 주저하거나 멈추거나 도망가는 기질을 확실하게 추적할 수 있으면 현재 상태에 대한 실마리를 얻게 된다. 신체와 정신 모두에 병이 있다고 밝혀졌을 때는 동시에 양방향으로 치료를 진행해야 한다. 전적으로, 혹은 주로 정신적인 이상이 있는 경우에는 환자에게 첫 면담에서 내가 알아낸 것을 설명한다. 하지만 환자를 낙담시키지 않는 방식으로 이야기하고 환자가 아직 이해할 수 없는 것은 말하지 않으려고 최대한 신경을 쓴다.

또한 내가 알아낸 것들을 확인하기 위해 징후들을 서로 교차 점검하며 갖가지 정보를 이끌어낸다. 예를 들어 "내가 당신을 즉각 치료한다면 어떻게 하시겠습니까?"라고 물어본다. 환자가 지금까지 이야기하지 않았던 현재의 문제들을 언급하도록 유도하는 질문이다. 그리고 환자의 삶에서 지배적인 관심사가 무엇인지 힌트를 얻기 위해 '최초의 기억'을 물어본다. 나는 정상적으로는 해야 한다고 기대되는 행동들 중에서 환자가 배제하고 있는 행동에 주목해 상황을 이해하려고 노력한다. 또한 내가 환자와 같은 처지에 있고 같은 라이프스타일을 따른다면 그와 같은 유형의 사람이 되었을지 나 자신에게 주의 깊게 물어본다. 그리하여 환자의 상황을 파악했다고 느끼면 곧바로 환자의 생각, 감정, 행동, 성격이 모두 동일한 방향으로 움직이고 있지 않은지, 당면 과제를 배제하거나 적어도 미루는 쪽으로 움직이고 있지 않은지를 알아본다.

개인심리학자들이 축적해온 경험에 따르면 개인의 삶의 방침에서 이런 통일성을 찾는 방법은 효과가 있으며, 광범위한 지식이 담긴 개인심리학 문헌과 연구 전통은 환자의 진단에 대단히 유용하다. 공동체 감성의 부족, 용기와 자신감 결핍, 상식common sense 거부 등 신경증의 전형적인 요인들을 찾아내는 데 도움이 되기 때문이다. 따라서 라이프스타일을 더욱 쉽게 이해할 수 있다. 또한 다른 사람들이 받은 인상을 항상 점검하고 확인하면 단순한 일반화로 오도하는 일은 없을 것이다.

대화에서는 언제나 "만약"이 강조된다. "만약 …라면 결혼할 텐데" "만약 …라면 일을 다시 시작할 텐데" 혹은 "만약 …라면 시험을 치를 텐데" 하는 식이다. 신경증 환자들은 인생의 과제로부터 도망치는 자신을 정당화하기 위해 항상 어느 정도 그럴싸한 이유들을 끌어모으지만, 자신이 무슨 짓을 하고 있는지 인식하지 못한다. 환자를 아주 주의 깊게 이끌면서 단순하고 직접적인 설명으로 환자를 훈련시키는 것이 심리학자의 임무다.

심리치료사들은 자신의 생각과 자신이 주도한다는 의식을 모두 버려야 하며 환자에게 아무것도 요구해서는 안 된다. 그는 어머니의 역할을 맡았다고 가정하고 환자의 요구에 대해 그 역할에 상응할 만큼 정성껏 대응해야 한다. 프로이트 학파들이 전이transference라고 부르는 개념은(우리가 이를 성적인 의미와 별개로 논의할 수 있다면) 단순히 사회적 감정social feeling을 말한다. 항상 얼마간은 존재하는 환자의 사회적 감정은 심리학자와의 관계에서 가능한 한 최상의 형태로 표현된다. 소위 "저항resistance"은 삶의 유익한 측면으로 돌아갈 용기가 부족함을 나타내며, 환자는 의사와 관계를 형성하면 자신이 실패할 어떤 유용한 행동을 억지로 시킬까봐 치료에 맞서 방어를 하게 된다. 따라서 우리는 환자에게 절대 강요를 해서는 안 되며 삶의 유용한 측면에 가장 쉽게 다가갈 수 있도록 조심스럽게 안내해야 한다. 강제로 시키면 환자는 기필코 도망가게 되어 있다. 또한 나는 결코 결혼이나 자유로운 성관계를 권하지 않는다. 그런 방법은 항상 안 좋은 결과로 이어지기 때문이다. 결혼을 하거나 성관계를 맺으라는 말을 들은 사람은 무기력에 빠지기 쉽다. 치료의 첫 번째 규칙은 환자의 마음을 얻는 것이며, 둘째는 심리학자가 자신의 성공을 걱정해서는 안 된다는 것이다. 자신의 성공에 신경 쓰면 성공하지 못한다.

모든 제약을 없애고 가능한 한 가장 자유로운 관계를 형성하는 것이 환자와 의사 사이에 반드시 필요하다. 치료는 여태껏 철통같이 비밀로 지켜온 환자의 목표를 의사와 환자가 얼마나 일치되게 이해하는지에 달려 있기 때문이다. 나는 폭음, 모르핀 투여 같은 습관을 치료하는 것과 관련하여 개인적 라이프스타일의 기저에 깔린 진실을 파악해야 한다고 이미 언급한 바 있다. 단순히 술이나 마약을 치우고 격려의 말 몇 마디를 하는 것은 소용없다. 환자 스스로가 '왜' 자신이 술을 마시는지를 깨달아야 한다. 술꾼이 된 사람은 사회적 용기와 공동체 감성을 잃어버렸거나 곧 들이닥칠 것 같은 패배에 대한 두려움에 굴복한 것이라는 개인심리학의 일반 원칙들을 인식시키는 것만으로는 불충분하다. 어린 시절에 생긴 열등감 때문에 술에 의지하는 것이라고 말하는 게 의사로서도 편하고 환자도 쉽게 믿을 것이다. 하지만 단순히 그렇게 말하면 아무런 효과가 없을 것이다.

의사는 환자 인생의 특별한 구조와 발달 전개를 정확하게 파악하고 명확하게 설명해주어야 한다. 그래야 환자는 자신이 제대로 이해받고 있다는 걸 알고 스스로의 잘못을 깨닫는다. 환자나 치료사들이 내게 와서 "우린 모든 걸 설명했어요"라거나 "우린 다 이해했는데 성공하지 못했어요"라는 이야기를 하면 나는 말도 안 된다고 생각한다. 그런 실패 사례를 살펴보면 으레 의사도, 환자도 문제를 이해하지 못했고 무언가를 설명하지도 못했다. 때때로 환자는 의사에게서 열등감과 억눌리는 느낌을 받아 의사가 맞는 설명을 해도 전적으로 거부한다. 때로는 입장이 역전되어 환자가 의사를 치료하기도 한다! 미숙한 의사는 종종 이렇게 말하며 환자에게 개인 심리학 이론을 가르친다.

"당신은 사회적 용기가 부족합니다. 타인에게 관심이 없고 열등감을 느끼는군요."

이런 방법은 유해무익하다. 명확한 설명으로 환자가 자신의 경험을 즉각적으로 이해하고 느낄 수 있도록 해야 한다.

술을 통한 도피

나는 매우 지적이고 교육을 잘 받았으며 완벽하게 건강한 32세의

신경증적 라이프스타일과
심리치료

한 남성의 주벽을 치료한 적이 있다. 그는 4주 간격으로 폭음을 했는데, 다양한 분비선 추출물을 투여하는 등 여러 가지 치료를 받았을 뿐만 아니라 몇 달 동안 격리 수용되기도 했지만 아무런 진전을 보지 못했다.

이 남성은 수줍음이 많고 몸을 떨었으며 쉴새없이 담배를 피워댔다. 나는 첫눈에 그가 나를 우월한 사람이자 적으로 여긴다는 느낌을 받았는데, 이런 행동은 그런 첫인상을 더욱 굳혀주었다. 그는 자신이 상대적으로 가치가 없다는 느낌에 빠지지 않으려고 담배에 매달렸다. 내 질문에 대답하면서 그는 친구가 없고 사람들과 어울리지 않았다고 말했다. 직업도 없고 사랑에 빠진 적도 없었다. 혼자 있는 것을 좋아했고, 사교 모임에 참석하라는 재촉을 받으면 몹시 초조해졌다. 또한 부모의 돈으로 사치스럽게 살면서 내킬 때마다 쓸모없는 물건들을 최고가에 사들였다. 성 문제에 대한 그의 대답은 짐작 가능했다. 바로 자위였다. 자위는 고립을 강화하고 사랑과 결혼을 회피하는 데 맞춰진 성생활 스타일이다.

대개 이런 생활 방식은 삶의 포화 속으로 들어가면 안 된다고 느끼는 응석받이의 원형적 태도에서 비롯된다. 이렇게 느끼는 것은 준비가 되어 있지 않기 때문이다. 이 환자는 도피를 위해 술고래가 되는 방법을 썼다. 그는 다른 사람들의 도움 없이 사회, 일, 사랑 문제에 직면하게 되자 주기적으로 불편한 상황을 겪고 긴장감에 시달렸다. 따라서 제어할 수 없을 정도의 폭음은 인생의 무익한 측면으로 그의 과제를 해결하고자 하는 손쉬운 방법이었다.

그의 일상적인 긴장은 술을 마셔야 할 만큼 심하지는 않았기 때문에 술에 취하지 않은 기간은 폭음 습관을 완전히 끊고 싶다는 의도를 보여주는 데 이용했다. 그는 호전적인 아이들이 종종 그러하 듯 주위 사람들이 희망을 버리고 포기하게 만들지 않고 대신 후회 와 반성의 기간을 이용해 잘못된 길을 계속 갈 수 있었다. 그래서 사람들은 늘 그에게 한 번 더 기회를 주면서 "이번이 마지막이야"라 며 기대를 품었다. 폭음은 때로는 사람들과 어울리는 일을 앞두었 을 때, 때로는 실제로 사람들과 함께 있을 때나 파티에서 시작되었 다. 어떤 의무를 요구받거나 그를 남편감으로 생각하는 여자를 만 날 때도 폭음을 했고, 돈이 부족한데 부모가 재빨리 송금해주지 않 으면 곧바로 술에 의지했다. 그는 자신이 술에 빠지는 습관을 이용 한다는 사실을 어느 정도는 알고 있었다. 하지만 이를 도피처로 삼 는 전반적인 성향은 이해하지 못했고 자신이 언제든 체면이 떨어지 거나 구제불능이 되기 쉬운 처지라는 것도 알지 못했다.

그의 명확한 목적은 모든 의무에서 벗어나 오로지 자신만을 위 해 지원을 받는 것이었다. 하지만 자기중심적이고 사회 적응력이 완 전히 결여된 그는 패배를 배제하는 방법으로 우월성의 목표를 달 성했다. 그는 사회에서 실패한 적이 없었다. 사회에 아예 들어가지 않았기 때문이다. 직업을 가진 적이 없기 때문에 일에서 실패한 적 이 없었고, 사랑을 피했으므로 사랑에 실패하지도 않았다. 그는 주 관적으로는 삶에 승리했고 전적으로 자기 방식대로 살았다. 하지만 객관적으로 그의 방식은 당연히 최악에 가까웠다.

그는 부모의 지원으로 모든 상황에 대처하길 원하는 응석받이인 것으로 드러났다. 세 명의 여자 형제 사이에서 외아들인 그는 세심 하게 교육을 받았고 학교 공부를 잘했다. 부모가 교사들에게 아들 의 비위를 맞춰주라고 설득한 덕분이었다. 하지만 보호를 받는 시기를 벗어나자 그에게 삶은 버거울 정도로 힘겨워 보였다. 그래서 그는 달아났다. 그의 아버지도 술을 마시곤 했기 때문에 그는 술 마시는 습관이 어머니에게 걱정을 안겨주고 온통 아버지에게 신경을 쓰게 한다는 걸 어릴 때부터 알고 있었다. 학교 시험을 앞둔 어느 날 그는 처음으로 술을 마셨다. 어머니는 몹시 걱정을 했고 나쁜 기질을 유전적으로 물려받았다고 생각하면서 주벽을 고치려고 아들에게 더욱 신경을 썼다. 환자는 이런 성과를 잃지 않으려고 계속해서 술을 마셨다.

이 남성의 최초의 기억은 부모님과 떨어져 할머니에게 맡겨졌을 때로 거슬러 올라간다. 당시 그는 행복하지 않았다. 한번은 할머니가 야단을 치자 자기 소지품을 꾸려 달아나는 바람에 할머니가 쫓아간 일도 있었다. 당시 그는 네 살이었다. 이 기억은 삶에 대한 그의 원형적 태도를 보여준다. 그는 제멋대로 할 수 없다고 느낄 때마다 술로 도피했다. 응석받이 라이프스타일로 자란 신경증 환자는 모두 사회적 가치가 있는 일을 한 '뒤'가 아니라 하기 '전'에 칭찬받기를 기대한다. 그래서 일의 자연스러운 흐름이 자신에게 유리하게 바뀌길 기대하는 것이다.

이 환자는 넓은 세상에서 편안하게 느끼는 훈련을 받아야 했고 자신에게 정말로 필요한 것들을 인식하도록 격려해주어야 했다. 앞서 언급한 것처럼 이를 위해서는 심리학자가 어머니의 두 가지 역할을 맡아야 하는데, 먼저 동료 인간으로서 환자의 신뢰를 얻은 뒤 이 신뢰가 타인, 그리고 유리함과 불리함을 지닌 현실의 삶으로 향하도록 이끌어야 한다. 그의 어머니는 두 번째 역할에 실패했고 그 임무가 내게 지워졌다.

치료 초기에는 환자가 자신이나 다른 사람들을 해치고 그 어느때보다 필사적으로 술로 도피할 가능성이 있기 때문에 그를 지켜볼 조치를 취해야 한다. 어떤 조치가 가장 좋을지 정해진 규칙은 없지만, 무슨 일을 하건 환자의 동의하에 준비해야 한다. 그러지 않으면 환자는 자신의 약점인 폭음을 이용해 부모와 싸웠던 것과 똑같은 방식으로 의사와 싸울 것이다. 환자의 뜻에 반해 그를 감시해야 할 경우, 예를 들어 정신병원에 입원시켜야 할 경우라면 누군가 다른 사람이 그를 그곳에 데려가야 한다. 의사는 절대 환자와 충돌해서는 안 된다. 그래야 환자의 적대감으로 인해 치료가 방해받는 일이 없다.

인간은 자연과의 관계에서 열등한 입장에 놓여 있기 때문에 어쩔 수 없이 전략과 책략이라는 측면을 발달시킬 수밖에 없다. 지적으로 분석하는 경향이 과잉된 인류 문명, 특히 인간은 모두가 실제로 자기 자신의 책략을 놀라울 정도로 능숙하게 활용하는 데 숙달되어 있다. 사람의 행동에서 정말로 중요한 것은 개개인의 영악함이 아니라 그가 한 행동이 유용한지, 무익한지의 차이다. 여기서 유용하다는 것은 전반적으로 인류에게 이익이 된다는 뜻이다. 어떤 행동의 가치를 가장 합리적으로 평가하는 기준은 현재와 미래의 인류 전체에 도움이 되는가의 여부다. 이 기준은 당장 삶을 유지하는 데 도움이 되는 행동뿐만 아니라 종교, 과학, 예술과 같은 더 고차원적인 활동에도 적용된다. 어떤 행동이 가치 있는지 이 관점으로 항상 엄격하게 판단할 수 있는 것은 아니다. 하지만 우리는 자신이 유용한 행동을 하려는 욕구에 이끌리는 때를 알고 있고, 사회적 적응을 잘할수록 이를 더 올바로 인식할 수 있다. 스스로를 고립시키고 자기 안으로 침잠하는 사람은 가치 있는 잠재력을 얻을 수 있겠지만, 그렇다고 해도 그 잠재력이 자신이나 타인들의 사회적 행동을 통해 실현되기 전까지는 사회가 그 새로운 가능성의 혜택을 입지 못한다.

어떤 인생의 항로가 사회적인 욕구에 의해 형성되었는지, 반사회적인 욕구에 따라 흘러갔는지는 현실과의 접촉에서 알 수 있다. 한 사람의 삶이 뒤늦게 두드러지게 순조로워지거나 나빠질 수 있는데, 그러면 사람들은 놀라서 이를 우연이나 유전적 성향 혹은 운명으로 설명하려고 한다. 진짜 요인은 개인의 목표 속에 내재된 사회적 혹은 반사회적 감정인데 말이다. 또한 아이의 어린 시절에서 감지할 수 있는 반사회적 성향과 오류는 가족 전체의 행동이나 한 국가의 사상에서도 발견된다. 이런 오류를 피할 수 있는 유일한 방법은 공동체 감성을 증대시키는 법을 배우는 것이다. 그래야만 무가치하고 해로운 행동들을 하지 않을 수 있다.

공동체 감성이 증폭되었을 때의 가치는 아무리 강조해도 지나치지 않다. 지성은 공동체적인 기능을 갖고 있기 때문에 정신을 성장시킬 수 있다. 자신이 가치 있고 유용한 사람이라는 느낌이 높아져 용기와 낙관주의가 생기고 우리 운명의 유리한 점과 불리한 점을 인정하게 된다. 사람은 타자에게 공헌을 하고, 사적인 열등감에 시달리는 대신 공통된 열등감을 극복하고 있는 동안에는 삶을 편안하게 생각하며 자신이 가치 있는 존재라고 느낀다. 윤리적 가치뿐만 아니라 아름다움에 대한 올바른 태도, 아름다운 것과 추한 것에 대한 최상의 이해는 항상 가장 진실한 공동체 감성을 토대로 세워지는 것이다.

아이가 전적으로 가족의 품 안에 있을 때는 공동체 감성과 유용한 관심이 발달되고 있는지 확실히 알기란 쉽지 않다. 이는 새로운 상황과 처음 맞닥뜨렸을 때에야 분명하게 나타난다. 이 새로운 상황이란 흔히 동생이 태어나거나 유치원이나 학교에 입학하는 것이다. 이런 상황들은 아이가 인생에 적응할 수 있는지를 알아볼 첫 번째 시험이며, 아이는 이 시험을 통과하기도 하고 실패하기도 한다. 학교에 가지 않으려 하고 학교생활에 관심을 보이지 않은 채 주의가 산만하며 또래와 어울리려고 하지 않는 아이는 준비를 충분히 갖추지 못했다는 뜻이다. 이러한 라이프스타일이 발달되도록 놔둔다면 그 아이는 아마 사회에서 자기 자리를 찾지 못할 것이다.

신경증은 예외 없이 환자에게 안도감을 주기도 하는데, 이는 객관적이고 상식적인 게 아니라 자신만의 논리에 따른 안도감이다. 신경증은 패배에 대한 두려움을 떨치게 해주거나 적어도 완화시켜주기 때문이다. 이렇듯 신경증은 겁쟁이들의 무기이며, 약한 사람들이 가장 많이 사용하는 무기다. 우리는 대부분의 신경증에 꽁꽁 감추어진 공격적이거나 보복적인 요소들을 놓쳐서는 안 된다.

한 의대생의 자살 성향

나는 자살을 하고 싶어하는 한 의대생을 치료한 적이 있다. 그는 몸집이 작아서 키가 컸으면 하고 바랐다. 어머니는 아들을 몹시 애지중지 키웠다. 이 환자의 아버지도 의사였는데 폭군적인 남편이어서 어머니는 행복하지 못했다. 어느 날 요리사가 비명을 지르며 방 안으로 들어오더니 아버지에게 성폭행을 당했다고 울부짖었다. 그때부터 어머니는 우울증에 빠졌고 눈물이 그치지 않았다. 그는 이런 상황을 이해하지 못해 내게 설명해주기를 원했다. 애정도 없는 남편의 부정으로 어떻게 그렇게 낙담할 수 있는지 어머니에게 물어봤지만 "넌 아마 이해하지 못할 거야"라고 절규하며 질문을 차단시켰다. 나는 그에게 아버지가 예전처럼 잔인하거나 거칠게 구는지 물어보았다. 그러자 아버지는 오히려 매우 조용하고 차분한 데다 자상해졌다는 대답이 돌아왔다.

나는 설명했다.

"어머니가 이 폭군을 길들일 수 있는 유일한 방법을 포기할 거라고 생각하세요? 어머니는 남편을 길들이는 대가로 우울증을 치르고 있는 거예요. 하지만 어머니는 스스로를 정복자라고 느끼죠. 당신도 그와 비슷한 일을 하고 있어요. 당신은 어머니의 사랑을 독차지했습니다. 하지만 지금은 낯선 도시에 혼자 있고 어머니의 관심을 빼앗겼어요. 어머니는 아버지를 길들이느라 바쁘니까요. 당신은 대학 공부에 실패했고 독립할 준비도 갖추지 못했습니다. 그래서 어머니가 우울증으로 아버지의 관심을 끌려고 하는 것과 마찬가지로 당신은 자살 충동으로 어머니의 관심을 자신에게 돌리고 싶어합니다. 응석받이들이 흔히 그러하듯 당신은 약한 모습을 보여줌으로써 원하는 것을 얻도록 훈련되었습니다."

신경증적 라이프스타일을 연구할 때는 이 증상들이 누구를 겨냥하고 있는지 알아차려야 하고 환자의 병으로 가장 고통받는 사람이 누구인지에 주목해야 한다. 그 대상은 보통 가족 중 한 명이며 이성일 때도 있다. 하지만 사회 전체에 대한 공격으로 병이 나타나는 경우도 있다. 신경증에는 이렇듯 항상 비난이 감춰져 있고 환자는 자신의 권리(관심의 중심이 될 권리)를 박탈당한 것처럼 느끼며 다른 사람을 탓하고 책임을 지우고 싶어한다. 문제아와 신경증 환자들은 이처럼 복수와 비난을 감추고 있거나 사회적 행동을 배제하고 규칙과 사람들에 맞서 싸움으로써 불만을 약간 누그러뜨린다. 복수라는 동기가 꽤 분명히 나타나는 사례들도 있다. 완전히 불행한 결혼생활을 하면서도 이혼을 거부하고 계속 남편을 비난하고 싶어 했던 한 신경증 환자가 그런 경우다. 하지만 신경증 환자들은 대개 성도착자, 술고래, 모르핀 중독자와 마찬가지로 공동체 감성을 완전히 거부하지는 않기 때문에 아직 범죄와 자살을 저지르지는 않는다는 점도 기억해야 한다.

6장 감정의 신경증적 이용

ADLER
CLASSIC
1

만사가 순조로우면 우울해지는 남성

나는 슬픔이 우월감을 높이는 데 어떻게 이용될 수 있는지를 잘 보여주는 흥미로운 우울증 사례를 치료한 적이 있다. 40세의 이 남성은 안락한 상황일 때를 제외하고는 완벽하게 건강하다고 느꼈다. 우울한 기분이 엄습해오는 때는 예를 들어 가족과 함께 공연장이나 극장에 있을 때였다. 그렇게 우울할 때면 그는 항상 스물다섯 살 때 죽은 절친한 친구를 떠올렸다. 그 친구와는 일에서뿐만 아니라 현재 그의 아내가 된 여자를 두고도 경쟁을 벌였다. 하지만 그 친구는 경쟁에 실패했다. 친구가 치명적인 병에 걸렸을 무렵 이 환자는 이미 사랑과 일 모두에서 유리한 입장이었기 때문이다.

친구가 죽기 전이나 후나 승리는 항상 이 환자의 몫이었다. 그는 부모의 사랑을 독차지했고 어떤 형제들에게도 뒤지지 않았으며 세상에서 성공을 거두었다. 하지만 그의 아내는 도덕적이건 아니건 자기 뜻대로 가정의 모든 일을 해결하려 하는 야심 강한 성격이었다. 당연히 심각한 부부싸움이 벌어지곤 했다. 아내는 때로는 싸우거나 고압적으로 굴지 않고 아주 영리하게 우위에 섰다. 불리한 상황이 되면 몹시 불안해하면서 이런 괴로운 상태를 이용해 남편을 이기는 방법을 사용한 것이다. 그녀는 결코 과도한 질투심을 표현하지 않는 대신 불안 증상으로 남편에게 족쇄를 채우려 했다. 그리하여 딱 하나의 관계만 제외하고는 모든 일에 성공을 거둔 이 남성은 자신의 우월성의 목표를 이루었다고 확신하지 못했고, 그의 강한 야심은 이에 대한 보상을 원했다.

많은 심리학자가 이런 우울증을 "죄악 콤플렉스"(죄책감)로 설명하려 할 것이다. 그래서 환자의 유년기를 파고들어 누군가(아마도 아버지)를 죽이려는 아주 어린 시절의 욕망을 발견하려 할 것이다. 하지만 이 환자는 아버지에게 가장 사랑받는 자식이었기 때문에 아버지의 죽음을 바랄 이유가 전혀 없었다. "죄악 콤플렉스"를 찾는 이런 잘못된 접근 방식을 쫓다보면 심리학자들은 환자가 친구이자 경쟁자였던 사람을 내심 죽이고 싶어했다고 생각할 수도 있고, 친구에게 승리를 거두고 친구의 죽음을 바라는 소망까지 운명적으로 이루어졌는데도 아직 만족을 모른다고 판단할 수 있다. 만약 이런 분석이 옳다면, 그의 죄악 콤플렉스는 좀더 강렬한 조명을 받고 싶어하는 노력으로 생겼을 수 있다. 그는 옛 경쟁자에 대한 자신의 선의와 호감을 진지하고 솔직하게 표현하고 싶을 것이다. 그러는 동시에 경쟁자의 불행한 최후에 대한 기억과 친구가 죽기 전에 완전히 떨쳐버리지 못했던 생각들로 인해 동요될 것이다. 그리하여 자책과 회개가 뒤섞인 복잡한 심경에 이르렀을 터다. 우리가 죄책감이라고 부르는 이런 마음 상태는 항상 삶의 무익한 측면에서 우월성을 얻으려는 노력으로부터 생긴다. 앞에서도 말했듯이 이것은 "나는 최고로 나쁜 실수를 저질렀어요" 혹은 "나는 아주 고귀한 사람이어서 이런 약간의 오점에도 죽을 만큼 괴롭답니다"라는 뜻이다.

하지만 나는 이 환자에게서 이런 징후를 발견하지 못했다. 그는 정직성이라는 덕목에 대해서는 비정상적인 가치판단을 하지 않았다. 이 환자가 겪는 우울증은 자신이 아내보다 우월하다는 것을 보여주려는 시도였다. 편안한 상황에서 우울해지면 그런 상황을 즐길 때보다 자신의 행운을 더욱 실감하게 된다. 누구든 그가 우울증을 겪는다는 사실을 알면 놀랐고, 그는 "넌 행복한 사람이야. 원하는 걸 다 가졌는데 왜 우울해?"라며 끊임없이 자문했다. 마음대로 다루기 힘든 아내는 그의 편안한 삶에서 유일하게 유감스러운 존재였고, 그는 삶의 가장 힘들었던 시기에 '거두었던 승리를 떠올림'으로써 이를 보상했다. 그 승리란 친구를 이기고 여자를 차지한 일이었다. 신의 때문에 친구의 죽음을 떠올리며 기뻐하지는 않았지만, 극장이라는 편안한 공간에서 우울한 기분에 빠짐으로써 예전의 승리감에 젖을 수 있었다. 더 우울해질수록, 그리고 더 빛나는 때일수록 과거의 승리가 더 생생하게 생각났고 자신이 현재 가진 것들을 더 잘 인식할 수 있었다. 이 환자에 대해 더 깊이 조사해보니 내 판단이 옳았다는 걸 확인할 수 있었다. 친구의 사인은 매독으로 인한 마비였다. 그와 친구는 동시에 매독에 걸렸는데, 내 환자만 회복되었다. 이제 건강한 아내와 여섯 아이에 둘러싸인 그는 친구와의 경

감정의
신경증적 이용

쟁에서 거둔 승리와 함께 자신이 병을 정복했다는 사실도 떠올릴 수밖에 없었다.

이것이 이 남성이 위로를 얻는 방법이었다. 그는 결혼생활에서 우월감을 느끼지 못했다. 하지만 적어도 그의 아내는 친구가 좋아하던 여자였는데, 그녀는 친구 대신 그를 선택했다. 그는 우울한 기분 속에서 친구의 불행을 생각하며 승리감을 고조시켰다. 그러나 이러한 종류의 위로는 무익하며 우리가 본 것처럼 병을 일으키기 쉽다.

일부다처제 욕망에 의한 발기부전

36세의 한 남성이 발기부전으로 나를 찾아왔다. 그는 이미 다양한 치료를 시도한 뒤였다. 자수성가한 이 남성은 좋은 지위에 있었고 건강했다. 하지만 학력이 그리 높지는 않는데, 애인은 고등교육을 받은 여성이었다. 누나와 여동생 사이에 둘째로 태어난 그는 다섯 살 때 양친을 잃었다. 그는 가족이 매우 가난했지만 자신이 응석받이였다고 기억했다. 이웃 사람들은 예쁘장하고 얌전한 그에게 선물을 주곤 했는데, 그는 거지처럼 행동하면서 이웃의 인심을 이용했다. 그의 초기 기억들 중 하나는 크리스마스이브에 거리를 걷다가 누군가의 집에 팔려갈 크리스마스트리를 상점 유리창으로 들여다본 일이었다. 다섯 살에 보내진 고아원에서는 아이들을 엄격하게 다루었지만, 그는 몸에 밴 온순함과 둘째 아이 특유의 노력하는 성향으로 다른 아이들을 능가할 수 있었다. 순종적인 태도가 효과를 톡톡히 발휘해서 그는 고아원에서 직원들을 관리하는 책임자로 승진했다. 이 일을 하면서 그는 때때로 인적이 끊긴 오래된 기차역에서 오랜 시간 기다려야 했다. 전선이 바람에 윙윙거리는 소리만이 죽음과 같은 정적을 깨던 그때, 그는 고독한 세상에서 완전히 고립되고 혼자인 것처럼 느꼈다. 이때의 기억은 지금도 생생하게 남아 있었다.

나중에 그는 종종 귀에서 윙윙거리는 소리가 들린다고 호소했는데, 이비인후과 의사들도 병인을 찾지 못했다. 그러나 이 증상은 그의 라이프스타일과 긴밀히 연결되어 있는 것으로 드러났다. 그는 고립감을 자주 느꼈는데, 그럴 때면 예전에 들었던 전선이 윙윙거리는 소리가 환청으로 생생하게 다시 들렸다. 이런 연관관계를 설명해준 뒤 사회와 좀더 화해하고 애인과 결혼하라는 권유도 받자 윙윙거리는 소리는 사라졌다.

고아원에서 자란 아이들은 흔히 그 사실을 마치 부끄러운 일인 듯 숨기려 애쓴다. 이 남성은 많은 고아가 성공적인 삶을 살지 못했다고 주장하며 고아원 출신임을 숨기는 자신을 정당화했다. 그는 고아들에게는 실패한 삶이라는 냉엄한 운명이 주어져 있다고 생각했다. 그래서 일을 할 때 바짝 긴장하며 갖은 애를 썼다. 같은 이유로 사랑과 결혼이라는 과제에 부딪히면 더 나아가지 않고 멈추었다. 신경증적 발기부전은 이렇게 심하게 주저주저하는 태도가 불러온 직접적인 결과였다.

우리가 살펴본 대로 이 남성의 라이프스타일은 거지가 되는 것이었다. 그러나 (예전에 고아원에서 그랬던 것처럼) 구걸하는 습성이 지배적인 위치로 가는 길을 열어주었다. 그리고 그는 자신보다 하급

감정의
신경증적 이용

자들이 구걸하는 태도를 그 무엇보다 즐겼다. 그는 승리자가 되기 전까지만 거지였고, 승리자의 역할을 거지 역할만큼 열심히 수행했다. 일부 심리학자는 이 사례에서 즉시 "양가적ambivalent" 성격을 떠올리겠지만 이 개념을 끌어들일 필요는 없다. 올바로 이해해보면, 이러한 정신적 과정(아랫사람으로 일하다가 윗사람이 되고 열등성을 표현하지만 우월성으로 보상받는 과정)은 양면적이 아니라 동적인 통일성을 지닌다. 이 과정을 두 개의 모순되고 대립하는 실체로 보는 견해는 전체를 보지 않는 것이다. 이 남성의 일하는 태도에서 우리는 "우월 콤플렉스"를 지닌 사람을 엿볼 수 있다. 하지만 지금의 지위를 잃고 다시 처음부터 시작해야 한다면 그는 곧바로 다시 열등성을 표현하고 이를 이용할 것이다. 사랑이라는 과제에 있어서도 순종적인 행동 방침에 따라 한동안은 사랑을 구걸하지만 사실은 지배적인 위치가 되기 위해 노력하고 있는 것이다. 이 남성의 애인은 그를 좋아했고 결혼하길 원했다. 그런데 그가 망설이자 그를 향해 점점 더 구걸하는 태도를 취했다! 사실상 그는 그녀에게 우위를 점하는 방향으로 잘 나아가고 있었으며 종종 사소한 일들에서 주도권을 쥐었다.

그는 주저하는 태도를 아직 극복하지 못했다. 하지만 자신의 라이프스타일에 관한 설명을 듣고 격려를 받자 상태가 호전되어 발기부전이 사라졌다. 하지만 그 뒤 이 남성은 사랑과 결혼이라는 과제에 대해 두 번째 저항선을 세웠다. 이번에는 모든 여성에게 마음이 끌렸다. 이런 일부다처제적 욕구는 결혼으로부터의 도피 수단이었다. 그 무렵 그는 나의 진료실 침상에 누워 있는 꿈을 꾸었고 성적 흥분이 일어나 몽정을 했다.

그런데 내 진료실에는 침상이 없다. 나의 환자들은 원하는 대로 앉거나 서 있거나 돌아다닌다. 꿈에 등장한 침상은 예전에 몇 달 동안 그를 치료했던 의사의 방에 있던 것이었다. 이 꿈은 그가 지금까지 하지 않았던 고백을 끌어냈다. 그는 다른 의사들과 내가 모두 비밀결사에 소속되어 있다고 생각했다. 그 조직의 목적은 자신과 같은 환자들에게 성관계를 맺게 하여 치료하는 것이라고 짐작했다. 그래서 그는 내 여성 환자들 중 누가 자신의 짝으로 선택될지 알아내려고 노력해왔다. 그가 내 방에 침상이 없다는 사실에 섭섭해한 것은 나에 대한 일종의 비난을 의미했다. 나는 그에게 적절한 의사가 아니었다. 그는 내가 자신의 어려움을 해결해주고 책임을 넘겨받아 결혼으로부터 도망치도록 도와주길 기대하며 내게 구걸하러 왔던 것이다. 그래서 나는 그의 결혼을 막는 일에 결탁하여 뚜쟁이 노릇까지 해야 할 듯싶었다. 환자의 이 공상에는 두려움, 발기부전, 일부다처제적 성향이 모두 결부되어 있었다. 이 공상이 실현되지 않으면 그는 다른 사람들이 자위나 도착 행위에 의지하듯이 성적인 문제를 몽정으로 해결할 것이다.

그는 결국 결혼을 했다. 하지만 그가 융화적인 아내를 향해 폭군적인 태도를 취하지 않도록 하는 것은 막기 힘들었다.

왕 같은 거지

구걸하는 태도를 보여주는 또 다른 사례도 있다. 50세의 이 남성은 몹시 가난한 집의 막내로 태어났다. 어머니와 이웃들은 신체적으로 허약한 아이라 그의 응석을 받아주었고 아이는 일찍부터 소심한 태도를 길렀다. 그는 항상 어머니에게 기대고 약자에 대한 동정심에 호소하려 했다. 특히 어려움에 부딪히면 아주 의기소침한 모습을 보이며 남이 도와줄 때까지 울어댔다. 우리는 아이건 어른이건 울음을 어떻게 이용하는지 이미 살펴보았다. 이 남성의 최초의 기억은 넘어져서 다친 일이었다. 많고 많은 사건 중에서 이 일을 기억의 보고에 간직하기로 선택한 것은 삶의 위험을 스스로에게 각인시키려는 욕구로밖에 설명되지 않는다. 이 남성의 삶의 기술은 거지의 역할을 능숙하게 수행하고 자신이 약하다는 점에 관심을 촉구해 도움과 위로와 호의를 얻는 것이었다. 그리하여 모든 것을 눈물로 해결하려 했다.

이 남성은 어릴 때 말이 몹시 늦었고, 그런 경우 으레 그렇듯 어머니는 아이가 원하는 걸 알기 위해 아들에게 더 세심하게 관심을 기울였다. 그래서 그는 어린 왕이 된 기분을 느낄 수 있었다. 레싱(독일의 극작가이자 비평가)의 말처럼 "오직 거지만이 진짜 왕이다." 그는 다른 사람들보다 심한 곤경에 처했다는 열등성을 드러내 구걸하는 기술의 대가였다. 그가 생각하는 인생의 과제는 "가난하고 약한 아이를 어떻게 왕이 되게 할 수 있을까?"였고, 그는 본질적으로는 구걸이라 할 수 있는 자신만의 방식을 갈고닦아 이 과제에 대응했다.

이것은 살아가는 한 방식이었고, 견습생은 일찌감치 이 기술의 대가가 되었다. 이 방법을 쓸 때 따르는 대가가 너무 크지 않은 한 그는 이러한 라이프스타일을 바꾸지 않을 것이다. 지나치게 큰 대가를 치러야 한다면 이런 유치한 방법이 당면 문제를 해결하기에 적절치 못하다는 것을 깨달을 수도 있다. 그렇지 않으면 변화는 불가능했다. 그는 평생 모든 성공은 구걸 기술을 잘 발휘한 덕분으로, 모든 실패는 이 기술을 능숙하게 이용하지 못한 탓으로 돌렸기 때문이다. 이런 목표는 유전이나 환경적인 자극으로 판단할 수 없다. 아이가 미래를 어떻게 구상하는지가 목표에 영향을 미치는 지배적인 요인이기 때문이다. 이 환자의 구상은 우월성을 얻고 싶을 때마다 실수를 저지르거나 자신을 어떤 혼란에 빠뜨려야 한다는 것이었다. 그의 모든 감정은 공짜로 무언가를 얻는다는 목표를 향해 맞춰졌다.

며칠간의 치료 후 내 말에 크게 감화된 이 남성은 자신이 몇 년 전에 썼던 소논문을 내게 보냈다. 제목은 "거지 협회An Association of Beggars"였다.

습관적인 비판, 분노, 질투는 우월성을 향한 무익한 노력을 암시한다. 자신이 최고가 되기 위해 현실이나 공상에서 타자를 억압하려는 내적 충동이다. 건설적이고 유용한 비판은 항상 어느 정도 공동체 감성과 결부되어 있고 이해할 수 있지만, 단순히 타자를 낮추거나 깎아내려서 상대적으로 자신을 높이려는 동기에서 나온 비판 성향은 신경증이다. 신경증 환자들은 종종 타인을 과소평가하기 위해 진실을 이용하므로 신경증적 비판을 확인할 때는 진실이라는 요소를 간과하지 않는 것이 중요하다.

일반적으로 분노는 화가 난 사람이 적어도 일시적으로라도 자신이 불리한 입장에 섰다고 느낀다는 표시다. 신경증 환자들은 자신을 화나게 한 사람들을 겁주는 무기로 분노를 마음껏 이용한다. 가끔 화를 내는 건 다소 위태로운 관계로 이해할 수 있지만 습관적이 되면 불안, 성급함 혹은 무력감이나 억압감의 징후가 된다. 이런 습관을 지닌 환자들은 대개 타인을 공격할 약점을 교묘하게 잘 골라내며 본격적인 싸움을 시작하기 전에 다른 사람에게 잘못을 돌릴 수 있는 상황을 미리 준비하는 데 능숙한 전략가들이다.

질투는 일반적으로는 열등감의 표현이지만 때때로 유용한 행동을 유발하는 자극제가 될 수도 있다. 하지만 신경증에서 타인의 장점에 대한 질투는 이를 실제로 모방하는 정도로까지 나아가지 않으며, 여행의 종착점 앞에서 멈춰버린 기차처럼 환자를 성마르고 우울하게 하는 데 그친다.

한 유명한 쇼에서는 "괴력의 사나이"가 나와 무거운 역기를 엄청나게 힘들여 조심조심 들어올린다. 그런 뒤 관객의 열렬한 박수가 쏟아지는 가운데 한 아이가 등장해 가짜 역기를 한 손으로 들어 사기극을 폭로한다. 신경증 환자들 중에는 이런 역기로 우리를 속이고 과중한 짐을 짊어진 것처럼 보이게 하는 기술에 능한 사람이 많다. 이들은 어깨로 하늘을 떠받치고 있는 아틀라스처럼 비틀거리지만 사실 그 짐을 지고 춤도 출 수 있다. 하지만 신경증 환자들이 자신의 짐을 아주 예민하게 느낀다는 건 부정할 수 없다. 이들은 계속 피로감을 느낄 수 있다. 때로는 땀을 뻘뻘 흘리거나, 결핵으로 의심되는 증상을 보일 수도 있다. 움직일 때마다 몹시 피곤하고 종종 심장이 심하게 두근거린다. 항상 우울한 기분에 빠져 다른 사람들에게 더 열심히 돌봐달라고 끊임없이 요구하지만 늘 불충분하다고 느낀다.

나는 광장공포증에 걸린 53세의 남성을 치료한 적이 있다. 그는 다른 사람들과 함께 있으면 숨을 제대로 쉬지 못했다. 그는 누나와 함께 살았고 자신의 성격을 쏙 빼닮은 아들이 한 명 있었다. 나는 이 남성이 자기 자신에게 유난히 집착하는 원인을 조사하다가 그가 열 살 때 양친을 잃었으며 형 두 명이 있다는 사실을 알게 되었다. 그는 형들과 싸우면서 처음 증상을 드러냈다. 이는 힘든 상황을 신경쇠약으로 대처하려는 성향을 암시한다. 이 남성은 8남매 중 막내였고 할아버지에게 훈육을 받았다. 조부모들은 거의 예외 없이 아이의 응석을 받아준다. 이 환자의 부모는 행복한 결혼생활을 했다. 아버지는 뛰어난 사람이었고 어머니는 좀 냉정했다. 그래서 소년은 아버지에게 끌렸다.

아이가 삶에서 처음으로 좋은 유대관계를 맺는 사람은 어머니다. 따라서 아이가 아버지 쪽에 더 끌렸다면 어머니가 아이에게 충분한 애정을 주지 않았다고 추정할 수 있다. 아마도 어머니가 자상하지 않았거나 바빴거나 더 어린 자녀에게 관심을 기울였을 것이다. 상황이 이러하면 아이는 가능할 경우 아버지에게 기대게 되는데, 이 환자에게서는 어머니에 대한 반항심이 매우 뚜렷하게 나타났다.

사람들은 흔히 최초의 기억을 정확하게 떠올리지 못한다. 하지만 우리는 축적된 경험을 바탕으로 비교적 사소한 징후들에서도 그 상황을 재구성할 수 있다. 어떤 사람은 기억에 깊이 새겨진 아주 어린 시절의 사건은 세 개밖에 없다고 말했다. 하나는 세 살 때 동생이 죽은 일이었다. 장례식 날 그는 할아버지와 함께 집에 있었는데, 어머니가 슬픔에 젖어 흐느끼며 묘지에서 돌아왔다. 할아버지가 어머니에게 입을 맞추며 다정한 위로의 말을 속삭일 때 소년은 어머니가 희미하게 미소 짓는 것을 보았다. 이 일로 크게 당황한 그는 아이를 땅에 묻은 날 미소 지은 어머니에 대해 그 후로도 오랫동안 분개했다. 그가 간직한 두 번째 기억은 삼촌이 선의로 나무란 일이었다. 삼촌은 그에게 "어머니한테 왜 그렇게 늘 사납게 대하니?"라고 질책했다. 같은 시기의 세 번째 기억은 부모 사이의 싸움과 관련이 있었다. 싸움이 끝나자 그는 아버지에게 가서 "아빠는 군인처럼 용감했어요!"라고 말했다. 그는 아버지에게 크게 의존했고 귀여움을 받았다. 항상 아버지를 어머니보다 더 존경했지만 어머니의 성격이 더 좋다는 것은 알고 있었다.

3~4세 때 일어난 일로 보이는 이 기억들은 모두 어머니에 대한 적대적인 태도를 보여준다. 어머니를 비난하고 아버지에게 의지하는 자신을 정당화하겠다는 목표가 첫 번째와 세 번째 기억을 분명히 지배하고 있다. 그가 어머니에게서 등을 돌린 까닭은 쉽게 짐작할 수 있다. 어머니가 지나치게 응석을 받아주며 키웠던 그는 남동생의 등장을 견딜 수 없었던 것이다. 그 남동생은 첫 번째 기억에서 겉보기에는 그의 태도와 아무 상관도 없는 듯 등장한다.

이 환자는 스물네 살 때 결혼했다. 아내가 이것저것 요구하는 게 많아 결혼생활은 실망스러웠다. 두 사람 모두 방관적인 태도를 고수하고 상대에게 무언가를 주려고 하지 않기 때문이다. 이 남성은 갖은 일을 겪고 여러 직업을 전전했지만 성공하지 못했다. 아내는 동정심이 없었고 가난뱅이의 아내가 되느니 부자의 정부가 되는 편이 낫겠다며 잔소리를 했다. 결국 두 사람은 이혼으로 결혼생활의 종지부를 찍었다. 이 남성은 실제로는 가난하지 않았지만 아내에게 인색하게 굴었고, 아내는 복수의 방법으로 이혼을 선택한 것이다.

이혼 후에 그는 여성혐오증에 걸렸으며 동성애적 성향이 생겼다. 남자와 실제로 관계를 맺지는 않았지만 남자들을 껴안고 싶은 욕구를 느꼈다. 이런 동성애적 경향은 늘 그러하듯 일종의 비겁함을 나타낸다. 여자에게 두 번 패배하고 좌절을 겪은(처음에는 어머니, 두 번째는 아내) 이 남성은 여자들에게서 더 이상의 굴욕을 당하지 않으려고 이제 성적 관심을 남자에게로 돌리려 애쓰고 있었다. 남성은 동성애적 성향을 스스로에게 확인시키기 위해 자신의 동성애 성향이 선천적인 것임을 입증할 수 있는 흔한 경험들을 모으고 그 의미를 과장하여 과거를 쉽게 조작할 수 있다. 이 환자는 남자 교사를 좋아했던 일과 어린 시절에 한 남자친구가 함께 자위를 하자고 꾀던 일을 떠올렸다.

이 남성의 행동을 결정짓는 요인은 그가 공짜로 모든 걸 원하는 응석받이였다는 점이다. 한편으로는 여성을 만나는 게 두렵고, 다른 한편으로는 남성을 만나는 것 역시 성적으로 이끌릴 수 있어 위험하기 때문에 광장공포증이 나타난 것이다. 그는 집 밖으로 나가야 할 때면 긴장감에 휩싸여 배가 아프고 숨 쉬기가 힘들었다. 많은 신경증 환자는 긴장하면 공기를 삼키기 시작한다. 그래서 숨 쉬기가 힘들 뿐만 아니라 속이 부글거리고 배가 아프며 불안하고 심장이 두근거린다.

내가 그의 상태를 설명해주자 이 환자는 흔히 묻는 질문을 던

감정의
신경증적 이용

겼다. "공기를 삼키지 않으려면 어떻게 해야 할까요?" 그러면 나는 "말에 올라타는 방법은 알려줄 수 있습니다. 하지만 말에 올라타지 않는 방법은 알려드릴 수 없지요"라고 대답하기도 하고, 때로는 "밖으로 나가고는 싶은데 갈등을 느낀다면 공기를 빠른 속도로 삼켜보세요"라고 조언하기도 했다. 이 남성은 일부 다른 환자와 마찬가지로 심지어 잠을 자면서도 공기를 삼켰다. 하지만 내 조언을 들은 뒤로 자신을 제어하기 시작해 그 습관을 끊었다. 다음날 직면해야 하는 어려움이 신경 쓰여 배가 아프고 불안에 시달리는 이런 환자들은 밤에 자면서 공기를 삼키다가 깨어났을 때 토한다. 내 환자는 자신이 응석받이이며 남에게 주지는 않고 계속 받기만 기대한다는 것을 이해하자 회복되기 시작했다. 그는 자신이 좀더 쉬운 무언가를 찾아 정상적인 성생활을 중단했고 그 뒤 가상의 동성애를 택했지만 이 역시 위험에 맞닥뜨려 멈추었으며 이 과정 전체가 교착 상태로 가는 길이었음을 깨달았다. 이제 제거해야 할 마지막 장애물은 거리를 지나는 사람들처럼 그를 좋아하지 않는 낯선 이들과 섞이는 데 대한 두려움이었다. 이러한 두려움은 광장공포증의 더 심오한 동기, 즉 자신이 관심의 중심이 되지 않는 모든 상황을 배제하는 태도에서 생긴다.

7장 가족 내 출생 순서

한 둘째 아이가 보여준 잔인성
그 누구보다 깔끔해지려는 여성
누나들의 보살핌을 받는 의사
한 재봉사의 외동아들
딸에게 자기 잘못을 인정한 어머니

ADLER
CLASSIC
1

흔히 사람들은 한 가족의 아이들이 모두 같은 환경에서 자란다고 잘못 생각한다. 물론 같은 가족의 모든 구성원에게는 공통되는 요소가 많지만 각 아이의 정신적인 상황은 출생 순서에 따라 저마다 다르다.

가족 안에서의 지위에 따른 내 분류 방식은 그동안 다소 잘못 이해되어왔다. 아이의 성격에 영향을 미치는 건 몇 번째 아이로 태어났는지가 아니라 그 아이가 태어나서 처한 상황이다. 따라서 맏이가 나약하거나 억눌리면서 자란다면 두 번째 아이도 맏이와 비슷한 라이프스타일을 발달시킬 수 있다. 대가족에서 나머지 형제들과 터울이 크게 지는 두 아이가 손위 형제들과 떨어져 자란다면 둘 중 손위 아이가 맏이의 특징을 나타낼 수 있다. 쌍둥이에게서도 때때로 이런 현상이 나타난다.

맏이는 처음에 가족 안에서 유일무이한 자식이라는 독특한 위치에 있다. 따라서 관심의 중심이 되어 대개 버릇없이 자란다. 이런 점에서 맏이는 외동과 비슷한데, 두 경우 모두 거의 불가피하게 응석받이가 된다. 그러나 맏이는 대개 둘째 아이가 태어나면 권좌에서 쫓겨나는 중대한 변화를 겪는다. 일반적으로 아이는 이런 상황 변화에 준비가 되어 있지 않아서 애정과 관심의 중심이 되는 자기 자리를 잃어버렸다고 생각한다. 이에 엄청난 긴장을 느끼고 총애를 되찾으려 노력한다. 아이는 지금까지 자신이 주목받을 수 있었던 모든 방법을 동원한다. 물론 착하게 굴어 사랑받는 최상의 방법을 쓰고 싶다. 하지만 모든 사람이 새로 태어난 아이에게 신경 쓰느라 바쁠 때 이런 방법은 자칫 주목받지 못하고 그냥 넘어가버리기 쉽다. 그러면 아이는 전술을 바꿔 예전에 부정적인 관심을 불러일으켰던 행동들에 의존하게 되고 갈수록 이런 행동이 늘어난다. 똑똑한 아이라면 머리를 굴려 행동하지만 가족의 요구에 부응하는 행동들은 아니다. 아이는 적대적으로 굴고 말을 듣지 않으며 아기를 공격하는가 하면 심지어 아기 노릇을 하려 들기도 한다. 이런 행동들로 부모는 이 아이에 대해 다시 생각해보게 된다. 아이는 자신의 나약함을 드러내거나 아기 흉내를 내는 대가를 치르더라도 자신이 스포트라이트를 받아야 한다. 그래서 과거에 사로잡힌 채 부적절한 방법들로 현재의 목표를 달성한다. 갑자기 어떤 일을 혼자서 할 수 없게 되고 음식을 먹거나 화장실을 갈 때도 도움을 요청한다. 눈을 떼지 못하고 지켜봐야 하며 위험한 짓을 해서 부모에게 걱정을 끼친다. 시기나 질투, 이기주의와 같은 특성이 나타나는 것은 분명 환경과 관련이 있다.

하지만 천식, 백일해 등에 걸리기도 하고 병에 걸리면 오래 끈다. 긴장감 때문에 두통, 편두통, 배탈, 소발작, 히스테리성 무도증舞蹈症 (자신의 의지와 상관없이 신체가 움직이는 증상)이 생기는 아이들도 있다. 이보다 가벼운 증상들은 지친 모습과 부모의 관심을 끌기 위해 전반적으로 나쁘게 바뀐 행동들에서 분명하게 나타난다. 경쟁자인 아기가 늦게 태어날수록 맏이의 이러한 행동 변화는 더 당연하고 지능적이 된다. 일찍 권좌에서 물러날 경우 맏이의 노력은 좀더 본능적인 성격에 그친다. 어떤 경우이든 아이가 기울이는 노력의 형태는 주변 사람들의 반응, 그리고 아이가 이 반응을 판단하는 방식에 따라 좌우된다. 예를 들어 권좌에서 밀려난 아이가 싸움을 해서 자신이 이길 수 있다고 판단하면 호전적인 성격이 될 것이다. 싸움을 해봤자 소용이 없으면 희망을 잃고 낙담해 부모를 놀라게 하고 걱정시킴으로써 성공을 거둔다. 이렇게 성공을 얻으면 자신의 목적을 이루기 위해 불운을 더 교묘하게 이용할 것이다.

숨이 막힐까봐 음식을 삼키길 두려워하는 한 남성의 사례는 이러한 원형에 따른 행동이 나이가 들어 나타난 경우다. 그는 왜 다른 증상들 대신 이 증상을 선택했을까? 이 환자는 곤란한 지경에 처해 있었다. 친한 친구가 그를 난폭하게 공격했기 때문이다. 환자와 아내는 이런 공격을 더 이상 참아서는 안 된다고 판단했지만 그는 자신이 싸움을 할 만큼 강하다고 느끼지 않았다. 어린 시절에 대해 물어보니 그는 전에도 음식을 삼키는 데 어려움을 겪은 적이 있었다. 맏이인 그는 남동생에게 밀려나자 음식을 삼키기 힘들어해 아버지와 어머니가 자신을 돌보게 만들 수 있었다. 이제 어른이 된 뒤 개인적인 패배에 부딪혀 어떻게 해야 할지 모르게 되자 그는 예

가족 내
출생 순서

전에 썼던 이 방어선에 다시 의존했다. 그러면 누군가가 자신을 보살피고 도와줄 수 있게 될 것처럼 말이다.

권좌에서 밀려난 맏이는 어머니에게서 등을 돌려 아버지에게 기댈 수 있으며, 어머니에 대해 몹시 비판적인 태도는 그 후 계속될 것이다. 이런 유형의 사람은 삶에서 뒤로 밀려날까봐 항상 두려워한다. 또한 우리는 그가 모든 일에서 한발 앞으로 나갔다가 다시 한 걸음 뒤로 물러나는 식이어서 결정적인 일은 아무것도 벌어지지 않는다는 사실을 알아차렸다. 그는 우호적인 상황이 변화할까봐 두려워하는 게 당연하다고 느낀다. 인생의 세 가지 과제에 대해서는 불확실하고 신경증적인 성향과 주저하는 태도를 보이며, 이런 성향이 자신에게 도움이 되고 안전감을 가져다준다고 느낄 것이다. 예를 들어 그는 사회에 대해 적대적인 태도로 접근할 것이다. 직업을 계속 바꾸고, 성생활에서는 발기부전과 일부다처제적 성향을 띨 것이다. 한 사람과 사랑에 빠졌다가 금세 또 다른 사람을 사랑한다. 또 의심이 많고 뭐든 결정을 내리는 걸 피해서 일을 질질 끈다. 나는 이런 유형의 완벽한 예를 만난 적이 있는데, 이 환자가 갖고 있는 최초의 기억은 다음과 같았다.

"세 살 때 성홍열猩紅熱(목의 통증과 함께 고열이 나고 전신에 발진이 생김)에 걸렸어요. 어머니가 제게 구강청정제로 잘못 알고 석탄산을 주는 바람에 죽을 뻔했답니다."

그에게는 어머니의 사랑을 독차지하는 여동생이 있었다. 나중에 이 환자는 어린 소녀가 나이 든 여성을 지배하고 괴롭히는 기이한 공상을 했다. 때로는 소녀가 나이 든 여성을 말처럼 타고 다니는 상상을 하기도 했다.

그러나 맏이가 다른 누구도 대신할 수 없을 만큼 부모의 총애를 굳건하게 지킬 수도 있다. 맏이가 뛰어난 재능을 타고났고 훌륭한 발달을 보여서일 수도 있고, 둘째 아이가 못생겼거나 신체적 핸디캡이 있거나 제대로 키우지 않아 열등해서일 수도 있다. 이런 경우 다음 사례처럼 둘째 아이가 문제가 되고 맏이는 아주 만족스럽게 성장할 수 있다.

네 살 터울이 나는 두 형제 중 맏이는 어머니에게 큰 애착을 느꼈다. 동생이 태어났을 때 아버지가 병들어서 어머니는 전적으로 남편의 병간호에 매달렸다. 어머니에게 우호적이고 순종하도록 훈련받은 맏이는 어머니를 돕고 편안하게 해주려고 노력했다. 한편 보모에게 맡겨진 동생은 응석받이로 자랐다. 몇 년간 이런 상황이 이어져서 동생은 어머니의 사랑을 두고 형과 경쟁할 만한 기회가 없었다. 아이는 곧 삶의 유용한 측면을 포기하고 거칠고 반항적이 되었다. 4년 뒤 여동생이 태어나자 둘째의 행동은 더 나빠졌다. 그때는 아버지가 죽은 뒤여서 어머니는 여동생을 돌보는 데 전념할 수 있었다. 두 번이나 어머니의 관심에서 배제되고 보모의 손에서 응석받이로 자란 이 아이가 반에서 최악의 학생이 된 것은 놀라운 일이 아니다.

반면에 형은 항상 가장 뛰어난 학생이었다. 집에서는 사랑받지 못하고 학교에서는 야단을 맞으며 형과의 경쟁에서 이길 가망이 없는 불리한 입장이라고 느낀 이 아이는 어머니를 걱정시키는 것 말고는 인생의 목표를 찾지 못했다. 형이나 여동생보다 힘이 더 셌던 그는 이들에게 폭군처럼 굴기 시작했다. 시간을 헛되이 흘려보내고 사춘기 때는 돈을 낭비해 빚을 졌다. 정직하고 선한 부모는 엄한 가정교사를 데려왔지만 그 교사는 상황을 제대로 이해하지 못하고 아이에게 벌을 주며 문제에 피상적으로 대처했다. 어른이 된 아이는 쉽고 빨리 부자가 되려고 애썼다. 사기꾼 브로커들의 손쉬운 먹잇감이었던 그는 이들을 따라 사업에 뛰어들었다 실패하는 바람에 자기 돈을 잃었을 뿐만 아니라 부모까지 빚을 지게 했다.

이 사례는 충족되지 못한 정복욕이 이 남성의 모든 용기를 지배하며 소멸시켰다는 것을 분명하게 보여준다. 그가 때때로 즐겼던 괴상한 놀이에서 이 점이 가장 분명하게 드러난다. 불리한 상황에 처했을 때 특히 많이 하던 놀이였다. 지금은 노파가 된 그의 보모는 하인들의 우두머리로 일하며 생계를 꾸렸다. 그녀는 아직도 이 둘째 아들을 떠받들었고 그가 곤경에 처할 때마다 항상 편을 들어주며 선처를 호소했다. 그가 빠져들었던 괴상한 놀이는 보모를 방에 가두고 함께 군인놀이를 하는 것이었다. 보모는 그의 명령에 따라 행진하고 쓰러졌다가 다시 벌떡 일어서야 했다. 그는 때때로 지팡이로 보모를 때리며 복종하라고 재촉하기도 했다. 보모는 비명을 지르고 저항하면서도 늘 소년이 시키는 대로 했다.

이 괴상한 놀이는 그가 정말로 원하는 것, 즉 가장 손쉬운 방법으로 완벽한 지배력을 발휘하고 싶은 마음을 보여준다. 일부 저자는 이를 사디스트적 행동으로 설명하겠지만 나는 성적 관심을 암시하는 단어를 사용하는 것에 반대한다. 이 행동에서 그런 유형의 관심은 전혀 발견하지 못했기 때문이다. 이 남성은 성 문제에 있어서는 상대를 지나치게 자주 바꾸고 항상 열등한 사람을 선택한다는 점을 제외하면 정상적이었다. 진짜 사디즘은 다른 영역에서 겪은 좌절 때문에 자신을 표현하기 위해 성적 충동을 이용하는 지배 성향이다.

결국 이 남성은 매우 나쁜 상황에 처하게 된 반면 형은 큰 성공을 거두고 많은 존경을 받는 사람이 되었다.

맏이들은 대개 권력과 규칙을 신봉한다. 여기에는 맏이가 종종 부모의 권위를 대신하는 역할을 한다는 점이 한몫한다. 오랫동안 이어진 장자상속 관습에서 이 사실을 직관적으로 알 수 있고 문학에서도 종종 볼 수 있다. 작가 테오도어 폰타네(1819~1898, 독일 소설가)는 폴란드 사람 1만 명이 러시아인 2만 명을 물리쳤다는 소식에 기뻐하는 아버지를 보고 당황했던 경험에 대해 쓴 적이 있다. 그의 아버지는 폴란드 편을 드는 프랑스 이민자이긴 했지만, 폰타네는 강한 쪽이 질 수 있다는 것을 상상하기 힘들었다. 그는 강한 쪽이 반드시 이겨야 하고, 이길 것이라 느꼈다. 이렇게 느낀 데에는 폰타네가 맏이였다는 사실이 작용했다. 어쨌든 맏이들은 다른 사람들보다 권력을 더 쉽게 인식하고 지지한다. 과학자, 정치인, 예술가들뿐만 아니라 평범한 사람들의 삶에서도 이런 경향이 나타난다. 우리는 로베스피에르1758~1794. 급진적 자코뱅당 지도자로 프랑스대혁명 후 공포정치를 실시와 같은 혁명가에게서도 보수적인 성향을 발견할 수 있다.

둘째들은 첫째와는 처지가 매우 다르다. 이들은 유일한 자식인 적이 없었다. 처음에는 귀여움을 받지만 절대 관심을 독차지하지는 못한다. 이들에게 삶은 처음부터 달리기 경주와 비슷하다. 맏이가 선두를 달리고 둘째들은 맏이를 따라잡으려 애쓴다. 두 아이 사이에 벌어진 경쟁의 결과는 각자의 용기와 자신감에 따라 결정된다. 맏이가 낙담하게 되면 심각한 상황에 처하게 된다. 특히 동생이 강하고 맏이를 앞지를 경우 더욱 그러하다.

둘째 아이가 맏이와 동등해지겠다는 희망을 잃으면 맏이보다 나은 사람이 되기보다는 더 눈에 띄려고 노력할 것이다. 즉 맏이가 자신에 비해 지나치게 강하면 둘째는 삶의 무익한 측면으로 달아나는 경향을 보인다. 우리가 다루고 있는 문제 사례들에서는 게으름, 거짓말 혹은 도둑질 등이 신경증, 범죄, 자멸에 이르는 길을 내기 시작할 것이다.

하지만 대체로 둘째 아이들은 맏이보다 더 좋은 입장에 있다. 둘째들에게는 노력하라고 자극하는 페이스메이커가 있기 때문이다. 또한 맏이들은 흔히 시기와 질투, 공격성에 사로잡혀 둘째와 싸우는 바람에 부모의 총애를 잃고 권좌에서 밀려나는 길을 재촉한다. 둘째 아이가 최악의 상황에 놓이는 건 맏이가 뛰어날 때다.

그 누구보다 깔끔해지려는 여성

하지만 권좌에서 밀려났다 해도 맏이가 항상 가장 힘든 것은 아니다. 관심을 한 몸에 받으며 극도로 응석을 부리면서 자라다가 세 살 때 동생이 태어난 한 소녀가 이런 경우다. 동생이 태어나자 그녀는 질투심에 불타올랐고 문제아가 되었다. 동생은 사랑스럽고 매력적으로 자라 언니보다 훨씬 더 많은 사랑을 받았다. 하지만 학교에 들어간 동생은 자신의 뜻과 다른 상황에 부딪혔다. 더 이상 응석이 받아들여지지 않자 어려움에 맞설 준비가 되어 있지 않던 동생은 겁에 질려 도망치려고 했다. 그녀는 실제로든 겉모습만으로든 패배를 피하려고 낙담한 사람들의 전용 수법인 꾀를 부렸다. 최종적인 평가를 피하려고 어떤 일이든 절대 끝내지 않고 가능한 한 시간을 허비한 것이다. 이런 사람들에게는 시간이 무서운 적이다. 사회적인 상황에 있으면 시간이 "날 어떻게 쓸 거니"라고 계속 물으며 괴롭히는 것처럼 느껴지기 때문이다. 그래서 이들은 어리석은 행동들을 하며 "시간을 죽이는" 기이한 노력을 하게 된다. 이 소녀는 항상 늦게 오고 모든 행동을 뒤로 미뤘다. 그녀는 야단을 맞더라도 그 누구에게도 적대감을 불러일으키지 않았다. 하지만 매력과 사랑스러움을 계속 유지했음에도 불구하고 그녀는 싸움꾼 언니보다 더 큰 걱정과 부담에 시달렸다.

언니가 약혼을 하자 동생은 몹시 불행한 상태에 빠졌다. 그녀는 경주의 첫 단계에서는 상냥함과 순종으로 경쟁자를 이겼지만 학교와 사회생활에서는 승자 자리를 내주었다. 그녀는 언니의 결혼을 자신의 패배라고 느꼈고 자기 자리를 되찾을 희망이 있는 유일한 방법은 자신도 결혼하는 것뿐이라고 생각했다. 하지만 그녀는 알맞은 배우자를 선택할 용기가 없었고 본능적으로 차선을 찾았다. 처음에 그녀가 사랑한 남자는 중증 결핵 환자였다. 이 선택을 앞으로 나아가는 것이라 볼 수 있을까? 모든 과제를 끝내지 않고 놔두는 예전의 습관과 반대되는 선택일까? 전혀 그렇지 않다. 애인의 병과 부모의 당연한 반대는 결혼을 미루고 좌절할 수 있는 확실한 이유가 되어주었다. 그녀는 불가능이라는 요소에 비중을 두고 선택을 했다.

시간이 지난 뒤 이번에도 결혼 상대로 부적합한 남자가 나타났다. 그녀보다 서른 살이나 많고 노망기까지 보였다. 그러나 이 사람은 죽지 않았고 결혼이 성사되었다. 하지만 결혼생활은 그리 성공적이지 못했다. 그녀가 스스로에게 훈련시킨 무기력한 태도 때문에 어떤 유용한 행동도 할 수 없었기 때문이다. 이런 태도는 성생활도 방해해 그녀는 성관계를 역겹게 생각했고 굴욕감뿐 아니라 자신이 더러워진다는 느낌을 받았다. 그녀는 사랑을 피하고 관계를 미루려고 늘 하던 대로의 방법을 썼다. 하지만 이런 방법은 그리 성공을 거두지 못해 임신을 하고 말았다. 그녀는 임신을 또 다른 절망적인 사건으로 취급하며 그때부터 애무를 거부할 뿐만 아니라 자신이 더럽혀졌다고 불평하면서 하루 종일 씻고 청소를 하기 시작했다. 자기 몸만 씻는 게 아니라 가구, 천, 신발 등 남편이나 하녀 혹은 손님들이 만진 물건은 뭐든 닦고 세탁했다. 곧 그녀는 자기 방에 있는 물건을 아무도 만지지 못하게 했고 '씻기 강박washing-compulsion'에 시달렸다. 이렇게 해서 그녀는 문제를 해결하지 않을 구실을 만들었고 매우 높은 우월성의 목표를 이루었다. 그녀는 자신이 그 누구도 따라오지 못할 만큼 깔끔하다고 느꼈다.

"씻기 강박"이라는 신경증에서는 남다른 사람이 되겠다는 높은 목표를 향한 과도한 노력이 잘 나타난다. 내가 확인한 바로는 이 증상은 항상 성관계를 피하기 위한 수단으로 이용되며 자신이 그 누구보다 깔끔하다고 느끼는 근거 없는 보상을 안겨준다.

하지만 둘째들은 인생을 이렇게 경쟁race으로 받아들임으로써 대개 자신을 더욱 치열하게 훈련시킨다. 용기가 있는 경우 그는 자신의 분야에서 맏이를 이기는 방향으로 잘 나아간다. 하지만 용기가 좀 부족한 경우에는 다른 분야에서 맏이를 능가하겠다는 선택을 할 것이고, 용기가 더 부족하면 객관적이 아니라 주관적인 방식으로 평소보다 더 비판적이고 적대적으로 군다. 어린 시절에는 사소한 일에서 이런 태도가 나타난다. 맏이가 창문을 열면 둘째는 닫기를 원하고 맏이가 불을 끄길 원하면 둘째는 켠다. 이런 식으로 시종일관 맏이와 엇나간다.

성서에 나오는 에서와 야곱의 이야기에 이런 상황이 잘 나타나 있다. 이 이야기에서 야곱은 맏이의 특권을 뺏는 데 성공했다. 둘째들이 처한 상황은 끊임없이 과도한 증기 압력을 받는 엔진 상태와 비슷하다. "결코 형과 똑같은 나이가 될 수 없어서 슬퍼요"라며 우는 네 살짜리 꼬마의 말 속에 잘 표현되어 있다.

어떤 저자들은 아이들이 형과 누나, 부모의 정신적인 행위를 반복하는 사실을 모방 본능이나 자신과 타인의 "동일시identification"로 설명한다. 하지만 이는 다른 영역들에서는 인정받지 못하는 대등함을 주장하는 방법이라고 설명하는 편이 더 정확하다. 조상이나 심지어 미개인들의 행위와 정신적으로 유사성을 보이는 것은 정신적인 반응 유형이 유전적이라는 의미가 아니라 많은 사람이 비슷한 상황에서 동일한 공격과 방어 수단을 사용한다는 뜻이다. 모든 맏이, 둘째, 막내 사이에 저마다 많은 유사성을 발견한 우리가 유전의 역할에 의문을 갖게 된 것도 당연하다. 따라서 심리학자로서 우리는 개인의 정신 발달이 인류의 발달을 단계적으로 반복할 것이라는 이론을 지지하지 않는다.

나중에 둘째들은 다른 사람의 엄한 지휘를 좀처럼 견디지 못하거나 "만고불변의 법칙"이라는 개념을 받아들이지 못한다. 이들은 옳든 그르든 세상에 전복될 수 없는 권력은 없다고 믿는 경향이 훨씬 더 강하다. 둘째들의 교묘한 혁명에 주의하라! 나는 둘째들이 지배자나 전통의 힘을 약화시키려고 기묘한 방법들을 쓴 사례를 상당수 알고 있다. 이들의 행동에 대한 내 견해에 모든 사람이 쉽게 동의하지는 않을 것이고, 이 반항자들 역시 마찬가지일 것이다. 모략으로 지배 권력을 위험에 빠뜨릴 수도 있지만, 좀더 교활한 방법(예를 들어 과도한 찬사)들도 있다. 비현실적으로 한 개인이나 방법을 이상화하고 미화하는 것이다. 셰익스피어의 희곡 『율리우스 카이사르』에 나오는 마르쿠스 안토니우스의 연설에는 두 방법이 모두 쓰였다. 또한 나는 도스토옙스키가 아마 자신도 모르게 두 번째 방법을 능숙하게 사용해 옛 러시아의 토대를 어떻게 약화시켰는지 다른 글에서 설명한 바 있다.[14] 『카라마조프가의 형제들』에 나오는 조시마 신부에 대한 묘사나 도스토옙스키가 둘째 아이였다는 사실을 떠올려보면 내 설명을 이해할 수 있을 것이다.

첫째 아이들의 경우와 마찬가지로, 꼭 둘째 아이로 태어나지 않아도 그와 비슷한 상황에서 자라면 둘째 아이의 라이프스타일을 나타낼 수 있다는 점은 굳이 설명하지 않아도 될 것이다.

막내들에게서도 라이프스타일의 일정한 특성들이 항상 발견된다. 막내는 가족 중에서 가장 어리며 다른 아이들과 달리 더 어린 아이에게 밀려나는 비극을 겪지 않는다. 이런 면에서 막내는 유리한 입장에 있으며, 대개 가족의 경제 사정이 해가 갈수록 안정적이 되는 경향이 있기 때문에 막내는 종종 상대적으로 더 나은 교육을 받는다. 다 자란 손위 형제들이 부모와 합세해 막내의 응석을 받아주는 경우가 심심찮게 있어서 막내들은 심한 응석받이가 되기 쉽다. 반면 막내들은 손위 형제들에게 지나치게 많은 자극을 받을 수도 있다. 두 경우 모두 우리 교육학자들에게는 잘 알려진 과오들이다. 전자의 경우(과도한 응석받이) 아이는 평생 동안 다른 사람들의 도움을 받으려 애쓸 것이다. 후자의 경우는 둘째 아이들과 다소 비슷하게 경쟁심을 보이며 자기 앞에 있는 사람들을 전부 추월하려고 애쓴다. 그리고 대부분의 경우 실패한다. 그래서 막내들은 종종 다른 가족들과 동떨어진 활동 분야를 찾는데, 이는 감춰진 비겁함을 나타내는 것이라고 생각된다. 예를 들어 가족이 장사를 하면 막내는 미술이나 시에 끌린다. 과학자 집안이라면 막내는 장사를 하고 싶어한다. 다른 글에서 나는 우리 시대에 가장 성공한 사람들 중 막내가 많다고 이야기한 적이 있다. 다른 시대에도 마찬가지였을 것이라 확신한다. 성서에 나오는 지도적인 인물들 중에 다윗, 사울, 요셉 등 막내들을 상당수 볼 수 있다. 요셉의 이야기가 특히 좋은 예로, 우리가 주장한 여러 견해를 증명해준다. 요셉에게는 열일곱 살 어린 동생 베냐민이 있었지만 요셉은 권력의 정점에 오를 때까지 이 동생의 존재를 몰랐다. 따라서 요셉의 심리적 위치는 막내였다. 요셉은 이스라엘 민족의 조상인 야곱의 열한 번째 아들이다. 아버지의 편애로 형들의 미움을 받았다. 그는 밭에서 자신이 지은 매듭에게 형들이 지은 매듭이 몰려와 절을 했고, 태양과 달과 별이 자신에게 절을 하는 꿈을 꾸었다. 이를 형들에게 이야기하자 분노한 형들은 그를 상인에게 노예로 팔아버렸다. 훗날 이집트 파라오의 꿈을 해몽해 7년의 풍년과 흉년을 알아맞히고 이집트 총리에 임명되었다. 기근이 들어 이집트까지 식량을 구하러 온 사람들 중에 형들이 끼어 있었는데 요셉은 형들을 아버지와 함께 거뒀다. 구약성서에 나오는 이야기다.

형제들이 요셉이 꾼 꿈을 어떻게 잘 이해했을까 하는 점이 흥미롭다. 더 정확히 말하자면 형제들이 그 꿈을 꾼 요셉의 느낌과 감정을 이해한 것인데, 이 점에 대해서는 나중에 다시 다루도록 하겠다. 꿈의 목적은 이해받는 것이 아니라 기분과 긴장감을 불러일으키는 것이다.

어느 시대, 어느 민족의 동화에서든지 막내는 정복자의 역할을 한다. 환경이 단순하고 환경에 대한 사람들의 이해도 단순하던 시절에는 경험담들을 수집하고 막내들의 삶의 일관된 흐름을 이해하기가 더 쉬웠을 것으로 추정된다. 실제 경험담이 잊힌 이후에는 성격에 대한 이러한 전통적인 이해는 민간에 전승되는 이야기들 속에 살아남았다.

누나들의 보살핌을 받는 의사

응석받이로 자란 막내의 유형들 중에서 특이한 경우가 앞서 언급한 "구걸하는" 라이프스타일을 지닌 남성이다. 나는 20년 동안 먹을거리를 정상적으로 삼키지 못해서 액체식품밖에 먹지 못한 의사에게서 또 다른 예를 발견했다. 최근에 의치를 맞춘 그는 혀로 계속 의치를 밀어 올렸다 내렸다 했다. 그래서 혀가 아프고 따끔거리자 이번에는 암에 걸렸다는 걱정에 사로잡혔다.

그는 위로 누나 둘이 있는 막내였는데, 몸이 약했고 굉장한 응석받이로 자랐다. 마흔 살이 되어서도 혼자서 먹거나 누나들하고만 식사를 할 수 있었다. 이것은 그가 자기 마음에 드는 상황, 즉 누나들이 응석을 받아줄 때에만 편안함을 느낀다는 것을 분명하게 알려준다. 그는 사회와 접할 때마다 어려움을 겪었다. 친구도 없었으며 매주 식당에서 만나는 지인 몇 명이 고작이었다. 그는 인생의 세 가지 과제에 대해 두려워하며 걱정하는 태도를 취했다. 우리는 그가 타인과 함께 있으면 긴장감 때문에 음식을 삼킬 수 없다는 것을 알았다. 그는 일종의 무대공포증에 시달렸고, 충분히 좋은 인상을 주지 못할까봐 두려워했다.

이 남성은 인생의 두 번째 과제인 직업 문제에 대해서는 그럭저럭 유능하게 대처했다. 집이 가난해서 돈을 벌지 않고는 살 수 없었기 때문이다. 하지만 그는 일을 하면서 극도로 힘들어했고 시험을 쳐야 할 때는 거의 기절할 지경이 되었다. 일반의로서 그의 야심은 고정급을 받는 일자리를 구하고 나중에 연금을 받는 것이었다. 이렇게 공직에 이끌리는 성향은 불안감을 갖고 있다는 표시다. 깊은 무능력감에 시달리는 사람들은 흔히 "안정적인 직장"을 갈망한다. 그는 수년간 자신의 증상을 방치해두었다. 그런데 더 나이가 들어 치아 일부가 빠지자 의치를 맞추기로 했다. 이 의치가 최근 나타난 증상의 원인이 되었다.

나를 찾아왔을 때 이 환자는 예순 살인데도 여전히 누나들의 보호 속에 살고 있었고, 두 누나도 모두 노환으로 고생하고 있었다. 나는 나이가 훨씬 많은 두 독신 여성의 과잉보호 속에 살아온 이 늙은 남성이 바야흐로 새로운 상황에 직면했다는 것을 알아차렸다. 그는 누나들이 죽을까봐 몹시 두려워했다. 만약 누나들이 없으면 계속 관심과 보살핌을 받아야 하는 그는 어떻게 해야 할까? 깨지기 쉬운 자신의 행복을 믿고 맡길 만한 여성을 찾을 수 없었던 그는

가족 내
출생 순서

사랑에 빠진 적이 없었다. 누군가가 어머니나 누나들만큼 자신의 응석을 잘 받아줄지 어떻게 믿을 수 있겠는가? 그의 성생활의 형태를 짐작하기란 어렵지 않다. 자위를 하고 여자들과 애무 정도를 했을 것이다. 그런데 최근에 한 나이 든 여성이 그와 결혼하고 싶어했고, 그는 자신의 행동이 더 유쾌하며 매력적으로 보이게 하고 싶었다. 힘든 싸움의 시작이 임박한 듯 보였지만 새로 맞춘 의치가 구원자로 등장했다. 때마침 그는 설암舌癌에 걸렸을까봐 걱정하게 된 것이다.

의사였던 그는 정말로 암에 걸렸을까봐 전전긍긍했다. 많은 의사가 그를 안심시키려고 노력했지만 그는 의심을 풀지 않았고 혀가 아플 때까지 계속 혀로 의치를 밀다가 통증을 느끼면 다른 의사를 찾아가곤 했다.

베르니케(1848~1905, 독일 정신과학자이자 외과의사)가 "과잉사고 over-valued ideas"(과대평가된 사고)라고 부른 이러한 집착은 신경증을 유발한다. 환자는 자신이 가야 할 길에서 벗어난 어느 지점에 점점 더 시선을 확고하게 고정하여 올바른 목표를 피한다. 이렇게 하는 것은 논리적으로 생각했을 때 가야 하는 방향에서 벗어나기 위해서다. 과제에 대한 논리적 해결은 그의 라이프스타일에 상반하는 것이고, 그는 라이프스타일의 지시대로 확실히 도망가도록 해줄 감정과 느낌을 확립해야 한다.

예순 살이나 먹었는데도 이 남성의 문제에 대한 유일한 논리적 해결책은 응석을 받아주던 누나들이 세상을 떠나기 전에 믿을 만한 대체자를 찾아내는 것뿐이었다. 하지만 의심이 많은 성격이라 그런 사람을 찾을 가망은 없었고 논리적 판단으로 의심을 떨어낼 가능성도 없었다. 그는 평생 결혼에 대한 분명한 거부감을 지닌 채 살아왔기 때문이다. 결혼에 도움이 되었어야 할 의치는 극복할 수 없는 장애물이 되었다.

이런 환자를 치료할 때 암에 걸렸다는 믿음을 공격해봤자 아무런 소용없다. 환자가 자신의 행동들의 일관성을 이해하자 증상이 많이 완화되었다. 이튿날 그는 내게 꿈 이야기를 들려주었다.

"저는 셋째 누나의 집에 앉아 있었어요. 누나의 열세 살 된 아들의 생일 파티 자리였죠. 저는 완전히 건강했고 아픈 데도 없었어요. 무슨 음식이든 삼킬 수 있었고요."

하지만 이 꿈은 15년 전에 일어났던 사건과 관련되어 있었다. 이 꿈의 의미는 분명했다. 바로 "내가 열다섯 살만 젊었다면 좋을 텐데"라는 바람이다. 그의 라이프스타일은 이렇게 유지된다.

외동아이에게도 특유의 어려움들이 있다. 노력 없이 계속 무대의 주인공 자리를 차지하고 대개는 응석받이로 자라는 외동아이는 다른 사람들의 도움을 받는 동시에 그들을 지배하는 라이프스타일을 형성한다. 외동아이들은 종종 친밀한 환경에서 자란다. 외동아이의 부모는 아이를 더 낳는 걸 겁낼 수 있으며, 때로는 이 아이가 태어나기 전에 신경증에 걸린 어머니가 자신은 또 다른 아이를 키울 능력이 안 된다고 생각하고 모든 사람이 "이 여자가 아이를 더 낳지 않은 게 천만다행이야"라고 말할 만한 행동을 하기도 한다. 피임이 가족의 관심사에서 큰 부분을 차지해 긴장이 발생하고 부부가 함께 불안 속에서 살아갈 수도 있다. 그래서 밤낮없이 외동아이를 돌보는 데 몰두하고 종종 아이에게 누군가가 자신을 지켜보고

175

보호해주지 않으면 심각하게 위험하다는 믿음을 심어준다. 이런 아이들은 대개 각별한 주의 속에서 성장하며 흔히 성공을 거두고 그들이 원하는 존경과 관심을 얻는다. 하지만 완전히 다른 삶의 상황에 처하면 무력감을 확연히 드러낼 수 있다.

외동아이는 흔히 아주 상냥하고 다정하며, 성장한 뒤에는 다른 사람들의 마음을 끌기 위해 매우 매력적인 태도를 갖출 수 있다. 어릴 때나 그 이후에나 자신을 그렇게 훈련시키기 때문이다. 일반적으로 이들은 부모 중 응석을 더 잘 받아주는 쪽과 친한데, 대개는 어머니 쪽이다. 때로는 다른 한쪽을 향해 적대적인 태도를 드러내기도 한다.

외동아이의 교육은 쉽지 않지만, 개개의 문제를 이해하면 올바른 해결책을 찾을 수 있다. 나는 외동아이라는 상황이 위험하다고 생각하지 않는다. 하지만 최적의 교육 방법을 사용하지 않을 경우, 형제자매가 있다면 피할 수 있었을 나쁜 결과들이 발생할 것이다.

한 재봉사의 외동아들

어머니에게 완전히 귀속된 한 외동아들의 발달 사례를 소개하겠다. 이 가족에서 아버지의 존재는 중요하지 않았다. 아버지가 가족을 부양했지만 아이의 관심 밖이었다. 재봉사였던 어머니는 집에서 일을 했고, 소년은 그 곁에 앉아 있거나 놀면서 종일 어머니와 시간을 보냈다. 어머니를 따라 바늘과 실을 가지고 놀던 소년은 바느질에 능숙해졌지만 남자아이들의 놀이에는 전혀 끼어들지 않았다. 어머니는 끝마친 일감을 배달하기 위해 매일 오후 다섯 시에 집을 나섰다가 정확히 여섯 시에 돌아왔다. 그동안 소년은 혼자 혹은 사촌 누나와 함께 집에 남아 바느질감을 가지고 놀았다. 어머니가 돌아오기만 기다리던 소년은 시계에 흥미가 생겨 세 살 때 벌써 시간을 읽을 수 있었다.

사촌 누나는 소년과 신랑 신부 놀이를 했다. 누나가 신부, 소년이 신랑이었지만, 소년이 누나보다 더 여자처럼 보였다는 사실이 특기할 만하다. 학교에 다니게 된 소년은 남자아이들과 어울릴 준비가 되어 있지 않았다. 하지만 사람들이 소년의 순하고 예의 바른 성격을 좋아했기 때문에 그는 예외적으로 호감을 받는 아이가 될 수 있었다. 그는 특히 남자아이와 남성들에게 매력적이 되는 방법으로 우월성의 목표에 다가가기 시작했다. 열네 살 때는 학교 연극에서 여자 역할을 맡았는데, 관객들은 그가 여자라는 걸 조금도 의심하지 않았다. 젊은 남자들이 치근덕거리기 시작했고 그는 그런 동경을 불러일으키는 것에 큰 만족을 느꼈다.

그가 성별의 차이를 안 것은 잠깐 동안뿐이었다고 한다. 4년간 여자아이처럼 옷을 입었고 열 살이 될 때까지 자신이 남자인지 여자인지 알지 못했다. 사람들이 그에게 너는 남자라고 일러주자 그는 자위를 하기 시작했고 남자가 자신을 만지거나 키스할 때의 느낌을 상상하며 성적 욕구와 연결시켰다. 동경과 구애를 받는 것이 삶의 목표였다. 그는 남자들에게 동경받을 수 있도록 자신의 모든 특성을 이 목표에 맞췄다. 그가 아는 여자는 사촌 누나뿐이었다. 그녀는 부드럽고 다정한 성격이었지만, 그와 함께 놀 때는 남자 역할을 했고 그 밖의 시간에는 어머니처럼 그를 지배했다. 그의 엄청

가족 내
출생 순서

난 열등감은 지나치게 응석을 받아준 어머니의 과도한 보살핌의 산물이었다. 서른여덟 살의 늦은 나이에 결혼한 어머니는 남편을 좋아하지 않아 아이를 더 낳고 싶지 않아 했다. 그녀의 불안은 더 일찍부터 시작된 것이 분명하며, 늦은 결혼은 삶에 대해 주저하는 태도를 보여준다. 성 문제에 매우 엄격했던 그녀는 아이가 성에 대한 지식을 갖게 되는 것을 원치 않았다.

열여섯 살 때 이 환자의 외모와 걸음걸이는 교태를 부리는 소녀처럼 보였다. 곧 그는 동성애의 덫에 빠졌다. 이 환자의 발달을 이해하려면 그가 심리학적 의미에서 여자아이의 교육을 받았고 성별 간의 차이를 너무 늦은 발달 단계에 알았다는 점을 잊지 말아야 한다. 또한 그가 여성의 역할을 해서 성공을 거두었으며 남자 역할을 하면 그만큼의 성공을 거둘지 확신하지 못한다는 점도 명심해야 한다. 그는 여성의 역할을 흉내 내어 자신의 우월성의 목표를 이룰 수 있다고 생각할 수밖에 없었다.

내 경험에 따르면, 이런 유형의 교육을 받은 남자아이들은 항상 여자아이처럼 보인다. 아마도 신체 기관과 분비선 역시 부분적으로 환경의 지배를 받고 여기에 맞춰 발달될 것이다. 따라서 어린 시절에 여성성 쪽으로 기운 취향이 같은 성향의 목표로 이어질 경우, 호감 가는 여자가 되겠다는 소망이 정신뿐 아니라 행동거지와 몸에도 영향을 미칠 것이다.

이 사례는 성도착자가 스스로를 정신적으로 어떻게 훈련시켜 성에 대한 비정상적인 태도를 발달시키는지를 명확하게 보여준다. 선천적 혹은 유전적 기질 때문이라고 가정할 필요는 없다. 스스로를 성도착에 빠뜨리는 바로 그 행동에서 우리가 이 환자에 대해 파악할 수 있는 부분이 없다면 그가 정신적, 육체적으로 모든 정상적인 성행위를 배제하고 자위와 동성애를 선호하는 것을 유전적 요소로 의심할 수도 있을 것이다. 동성애 집단들은 지역마다 각기 전통이 달라서 그는 자신이 어울리는 동성애자들의 관행에 취향을 맞춰야 했다. 그가 살던 도시의 동성애자들은 거의 모두 펠라티오를 했다. 그는 처음에는 이를 거부했다. 그런데 어느 날 밤 입에서 이상한 맛이 느껴져 잠을 깬 그는 침대 옆 탁자에서 오줌이 들어 있는 유리컵을 발견했다. 그 컵이 왜 거기에 놓여 있는지는 알 수 없었다. 아마 잠결에 일어난 일이겠지만, 무슨 일이 벌어진 것만은 분명했다. 그때부터 그는 친구들의 관행을 따랐고 거부감을 극복했다.

나를 찾아왔을 때 이 환자는 다른 남성과 사귀고 있었다. 그 남성은 매우 지배적인 어머니를 둔 둘째 아이였으며 방치된 채 자랐다. 그는 자신의 개인적인 매력으로 남자들을 이기고자 노력했고, 나약한 아버지와의 관계에서는 실제로 승리를 거두었다. 그러나 성 표현을 해야 할 나이에 이르자 그는 충격을 받았다. 그의 여성관은 자신을 방치한 지배적인 어머니와의 경험을 바탕으로 형성되었기 때문이다. 그래서 그는 동성애자가 되었다. 그러니 내 환자가 얼마나 절망적인 상황에 처했겠는가? 내 환자는 여성적인 방법으로(여성의 매력을 소유함으로써) 정복자가 되고 싶어하는데 그의 애인은 남자를 정복하길 원했다.

나는 내 환자에게 그가 이 관계에서 무슨 생각을 하고 무얼 느끼든 그의 애인은 스스로를 남성을 조련하는 정복자라고 느낀다는 사실을 깨닫게 해주었다. 그러자 환자는 남성을 사귐으로써 정말로 정복자가 된 것인지 의문이 들었고 자신의 동성애 관계를 점검해보

179

았다. 나는 이 방법으로 내 환자가 그 애인과의 관계를 끊게 할 수 있었다. 그가 이런 무익한 경쟁을 하는 것은 어리석다는 걸 깨달았기 때문이다. 또한 그가 비정상적이 된 것은 타자에 대한 관심 부족 때문이며 응석받이의 무력감으로 만사를 개인적인 승리라는 측면에서 평가하게 되었다는 것도 더 쉽게 이해시킬 수 있었다. 그 뒤 그는 몇 달 동안 모습을 보이지 않았고, 다시 나를 찾아왔을 때는 여자와 사귀고 있었다. 하지만 그는 여자친구와의 관계에서 마조히스트 역할을 하려 했다. 어머니나 사촌 누나와 있을 때 느꼈던 것과 같은 열등감을 그녀에게서 경험하길 원하는 게 분명했다. 그의 우월성의 목표를 이루려면 여성이 그가 시킨 일을 그에게 해주어야 하는 데서 이런 피학적인 태도가 드러나며, 그는 성교 없이 이 지점에서 행위를 끝내길 원했기 때문에 정상적인 관계는 여전히 배제되었다.

동성애자를 변화시키기 어려운 이유는 사회적 적응력이 부족할 뿐만 아니라 아주 어린 시절에 시작되어야 하는 적절한 훈련이 이루어지지 않았기 때문이다. 이성에 대한 이들의 태도는 거의 태어난 직후부터 잘못된 방향으로 왜곡되었다. 이 사실을 이해하려면 한 사례가 보여주고 있는 정보, 행동, 경험의 종류를 주의 깊게 관찰해야 한다. 거리를 걸어 다니거나 사회에서 어울리는 보통 사람들과 동성애자를 같은 상황에 두고 비교해보라! 보통 사람들은 주로 이성에게 관심을 가지지만 동성애자들은 동성에게만 관심을 둘 것이다. 이들은 실제 행동에서뿐만 아니라 꿈에서조차 정상적인 성행위를 피한다. 내가 바로 앞에서 설명한 환자는 구불구불한 길을 따라 산을 오르는 꿈을 자주 꾸었다. 이 꿈은 그가 낙담한 채 우회적인 방식으로 삶에 접근한다는 것을 나타낸다. 그는 걸음을 뗄 때마다 머리와 어깨를 수그리며 뱀처럼 움직인다.

　마지막으로 외동아이의 발달에서 내가 아는 가장 불행한 사례들을 이야기하겠다. 한 여성이 내게 외동아이가 자신과 남편에게 심한 폭군 행세를 한다며 도움을 청했다. 당시 열여섯 살이던 아이는 학교에서는 아주 우수한 학생이었지만 걸핏하면 싸우려 들고 모욕적인 행동을 일삼았다. 특히 어머니보다 자신에게 엄한 아버지에게 무례하게 대했다. 아이는 계속해서 양친 모두에게 반항했고 원하는 것을 얻지 못하면 대놓고 포악을 떨었다. 때로는 아버지와 몸싸움을 하고 침을 뱉는가 하면 욕도 했다. 이런 발달 형태는 무엇이든 기대해도 된다고 훈련받고 실제로 원하는 걸 다 가지다가 더 이상 응석이 받아들여지지 않는 시기가 찾아온 응석받이 외동아이에게서 나타날 수 있다. 이런 경우 기존의 환경 속에서 환자를 치료하기란 어렵다. 오래된 기억이 너무 많이 되살아나 가족의 화합을 방해하기 때문이다

　또 다른 사례는 아버지를 살해한 혐의로 기소된 18세의 소년이었다. 응석받이로 자란 외동아들이던 이 소년은 학교를 그만두고 나쁜 무리와 어울리며 부모에게서 돈을 뜯어내 흥청망청 썼다. 어느날 아버지가 돈을 주지 않겠다고 하자 소년은 망치로 아버지의 머리를 때려 죽였다. 소년의 변호사를 제외하고는 누구도 그가 몇 달 전에 또다른 사람을 죽인 적이 있다는 사실을 알지 못했다. 소년은 두 번째 범죄도 발각되지 않으리라 확신했던 게 분명하다.

　범죄자가 된 또 다른 사례로 한 고학력 여성의 외동아들을 들 수 있다. 이 여성은 아들이 천재가 되길 원했고, 그녀가 죽자 또 다

181

른 노련한 여성이 같은 방식으로 그를 키웠다. 그러다가 소년에게 폭군적인 성향이 있다는 걸 알게 된 이 여성은 성적 억압이 원인이라고 분석했다. 하지만 소년의 폭군적인 태도가 사라지지 않자 그녀는 그에게서 벗어나고 싶어졌다. 어느 날 밤 소년은 강도짓을 하려고 그녀의 집에 몰래 침입했다가 그녀를 목 졸라 죽였다.

내가 가족 내의 위치에 따라 전형적으로 나타난다고 설명한 모든 특징은 다른 환경들에 의해 쉽게 바뀔 수 있다. 하지만 모든 변화 가능성에도 불구하고 이런 행동 유형들의 주요 특징은 상당히 정확할 것이다. 여러 가능성 가운데 특히 딸들 사이에서 자란 아들의 위치를 언급할 만하다. 이 아들이 딸들보다 손위인 경우에는 터울이 별로 지지 않는 여동생 한 명을 둔 오빠와 아주 비슷한 발달 양상을 보인다. 나이, 부모의 애정, 인생에 대한 준비의 차이가 모두 개인의 행동 패턴에 반영된다.

여성이 대다수이고 환경 전체를 지배하는 곳에서 유일하게 남자 혼자인 경우 우월성의 목표와 라이프스타일이 여성을 향해 맞춰지기 쉽다. 자신을 낮춰 여성에게 헌신하고 숭배한다거나 여성을 모방하는 태도를 나타내는 등 다양한 양상을 보이는데, 동성애 경향을 보이거나 여성을 향한 폭군적인 태도를 발달시킬 수도 있다. 대개 사람들은 너무 여성적인 환경에서 남자아이를 교육시키지 않으려고 하며, 일반적인 경험에 따르면 그런 아이들은 두 가지 극단으로 치우친다. 즉 지나치게 허영이 강하거나 지나치게 대담해진다. 아킬레우스그리스 신화 속 영웅으로 트로이 전쟁에 참여해 목숨을 잃는다는 신탁을 받고 여장을 했다의 이야기에는 고대인들이 후자의 경우를 잘 이해하고 있었다고 추정할 수 있는 점이 많다.

　남자 형제들 틈에서 자란 여자아이나 완전히 남성적인 환경에서 자란 여자아이도 마찬가지로 대조적인 성향을 보일 수 있다. 너무 많은 애정을 받아 응석받이가 될 수도 있지만, 남자아이와 같은 태도를 취하고 여자처럼 보이는 걸 싫어할 수도 있다. 어떤 경우든 아이가 실제 나타내는 태도는 그 환경에서 남성과 여성이 어떻게 평가되는지에 따라 크게 좌우된다. 이 문제와 관련하여 항상 우세하게 나타나는 정신적 태도가 있기 마련인데, 여기에는 아이가 남성과 여성 중 어느 역할을 맡길 원하는지가 주로 영향을 미친다.

　또한 가족 내의 지배적인 다른 인생관들이 아이의 행동 패턴에 영향을 미치거나 유전적 특성에 대한 맹신과 환상적인 교육 방법들에 대한 믿음으로 아이를 어려움에 빠뜨릴 수 있다. 과도한 교육 방법은 아이에게 해를 끼치기 쉽다. 교사, 심리학자, 의사, 법 집행과 관련된 직업(경찰, 법률가, 공무원 성직자 등)을 가진 사람들의 자녀들에게서 이런 경우를 흔히 볼 수 있다. 문제아, 비행 청소년, 신경증 환자들의 기억을 살펴보면 이런 과도한 교육이 종종 모습을 드러낸다. 다음 사례에서는 유전에 대한 맹신과 광신적 교육 방법이라는 두 요인의 영향을 모두 볼 수 있다.

딸에게 자기 잘못을 인정한 어머니

한 여성이 아홉 살 된 딸을 데리고 나를 찾아왔다. 두 사람 모두 절망에 빠져 눈물을 흘렸다. 딸은 몇 년간 시골의 양부모 밑에서 지내

다가 최근에야 어머니와 함께 살게 되었다고 한다. 딸은 시골에서 3학년까지 마치고 도시의 학교에 4학년으로 편입했다. 하지만 성적이 몹시 나빠서 교사는 이 아이를 3학년으로 내려보냈다. 그런데도 성적은 더 나빠져 아이는 2학년으로 내려갔다. 어머니는 이런 사태에 엄청나게 당황했고 딸이 이렇게 공부를 못 하는 건 아버지를 닮았기 때문이라는 생각에 사로잡혔다.

나는 이 어머니가 아이의 교육에 지나치게 고집을 부리고 있다는 걸 한눈에 알아차렸다. 이 모녀의 경우 이런 고집이 특히 유감스러웠던 것은 아이가 그동안 우호적인 환경에서 자랐기에 훨씬 더 다정한 어머니를 기대하고 있었기 때문이다. 그러나 어머니는 아이가 실패자가 되어서는 안 된다는 불안감으로 인해 딸에게 지나치게 엄격하게 대해 큰 실망감을 안겨주었다. 아이는 엄청난 감정적 긴장에 시달렸고 그 결과 학교와 집 모두에서 발전을 보이지 못했다. 훈계를 하거나 야단을 치고 비난하고 때려봤자 감정만 악화되었고 두 사람 모두에게 절망만 안겨줄 뿐이었다. 나는 내가 받은 느낌을 확인하기 위해 딸과 단둘이 이야기를 나누면서 양부모에 관해 물어보았다. 아이는 양부모와 함께 살 때 얼마나 행복했는지 이야기했다. 그런 뒤 눈물을 터뜨리더니 처음에는 엄마와 함께 있는 걸 좋아했었다고 말했다.

나는 어머니에게 그녀의 잘못을 이해시켜야 했다. 딸이 그런 하드트레이닝을 견딜 것이라고 기대할 수는 없다. 그리고 딸의 입장에서 보면 지금까지의 행동이 지극히 총명한 반응임을 이해할 수 있다. 즉 딸의 행동은 비난과 복수의 한 형태였다. 이러한 상황에서 공동체 감성이 부족한 경우 아이가 의무를 게을리하거나 신경증이 나타나거나 심지어 자살을 시도하는 것은 충분히 가능한 일이다. 하지만 이 사례에서 나는 어머니가 실상을 깨달아 아이에게 자신의 태도가 확실하게 변했다는 것을 인식시키지 않으면 아이가 나아지기 힘들 것이라 확신했다.

그래서 어머니에게 유전에 대한 믿음은 방해물에 지나지 않는다고 설명한 뒤 딸이 어머니와 함께 살게 되었을 때 당연히 기대했던 것이 무엇이었는지 이야기하고, 어머니의 엄격하고 훈육적인 태도에 얼마나 실망하고 동요되었을지 깨닫게 해주었다. 나는 이 어머니가 딸에게 자신이 잘못했으며 방법을 바꾸겠다고 인정하길 바랐다. 그래서 어머니에게 내 생각에는 그녀가 이렇게 하지 못할 것 같다고 떠보았다. 이런 경우 내가 주로 쓰는 방법이다. 그러자 그녀는 단호하게 "할 수 있어요"라고 대답했다. 그러고는 나와 함께 있는 자리에서 내 도움을 받아 자신의 잘못을 아이에게 설명했다. 두 사람은 입을 맞추고 껴안으며 함께 울었다. 2주 뒤에 두 사람은 쾌활하게 웃으며 나를 방문했고 아주 만족스러워했다. 어머니는 3학년 교사가 보낸 메시지를 보여주었다. 이렇게 적혀 있었다.

"기적이 일어난 게 틀림없습니다. 아이가 반에서 1등을 했어요."

8장 최초의
기억

ADLER
CLASSIC
1

초기 기억early recollection의 의미는 개인심리학의 가장 중요한 연구 결과들 중 하나다. 초기 기억은 개인이 어떤 기억을 가장 오래 간직할지 선택할 때의 무의식적인 목적을 보여주기 때문이다. 하지만 기억 자체는 꽤 의식적이거나 물어보면 쉽게 떠올릴 수 있다. 이 의식적인 기억들은 치료 중에 다소 갑작스럽게 무의식에서 표출된 기억들과 마찬가지로 개인에 대한 심도 있는 이해를 도와준다.

물론 우리는 모든 초기 기억이 정확한 사실을 담고 있다고 생각하지 않는다. 개인이 최초의 기억이라고 생각하는 일이 심지어 실제 있었던 사건이 아니라 상상인 경우도 많고, 대부분이 아마도 나중에 변형되거나 왜곡되었을 것이다. 하지만 그렇다고 초기 기억의 중요성이 줄어드는 것은 아니다. 바뀌거나 상상한 내용 역시 환자의 목표를 표현하기 때문이다. 또한 공상의 산물과 사실적인 기억 간에 차이가 있다고 해도 우리가 알고 있는 다른 요인들과 이들을 연결시켜 두 가지 모두를 활용할 수 있다.

그러나 초기 기억의 가치와 의미는 이를 전체적인 라이프스타일과 연결시키고 우월성의 목표를 이루기 위한 주된 노력과의 통일성을 인식할 때에만 올바로 평가될 수 있다. 우리는 생후 4~5년간의 초기 기억들에서 주로 개인의 라이프스타일 원형의 조각들이나 그의 삶의 방침이 왜 특정한 라이프스타일 형태로 다듬어졌는지를 알 수 있다. 또한 초기 환경을 둘러싼 결점과 구조적 곤란함을 극복하기 위해 자신을 어떻게 훈련시켰는지를 알려주는 징후들도 모을 수 있다. 용기와 공동체 감성이 어느 정도 길러졌는지를 분명하게 보여주는 사례도 많다. 치료를 받는 환자들 중에는 응석받이가 많기 때문에 최초의 기억earliest remembrance에서 어머니의 이미지가 빠져 있는 경우는 드물다. 실제로 나는 환자가 응석받이의 라이프스타일을 지니고 있다는 것을 알아차리면 항상 그가 어머니에 관한 무언가를 기억할 거라고 짐작할 수 있다. 환자는 그 기억의 의미를 이해하지 못할 것이다.

예를 들어 환자가 "저는 방에서 장난감을 가지고 놀고 있었어요. 어머니가 가까이에 앉아 계셨죠"라는 기억을 이야기했다고 치자. 그는 이 기억을 그 일 자체로만 생각하고 자신의 정신생활의 전체적인 구조와 어떤 일관성을 지니는지는 고려하지 않는다. 유감스럽게도 많은 심리학자 역시 마찬가지다. 이 기억의 의미를 이해하려면 이러한 초기의 인식 패턴을 그의 현재의 모든 태도와 연결시켜야만 한다. 이 예에서는 환자가 혼자 있을 때 불안에 시달렸는지부터 확인해봐야 한다. "믿지 못하시겠지만 저는 태어났을 때를 기억할 수 있어요. 어머니가 저를 안고 계셨죠"라고 말한 환자의 경우처럼 어머니와의 결속에 대한 관심은 심지어 상상의 기억에서도 나타날 수 있다.

응석받이의 최초의 기억에서는 남동생이나 여동생이 태어나면서 자신의 자리에서 밀려난 일이 언급되는 경우가 흔하다. "여동생이 태어났을 때가 생각나요." 이처럼 가볍고 순수한 진술부터 환자의 태도를 잘 보여주는 일화까지 그 정도는 다양하다. 한 여성은 최초의 기억을 물어보는 내게 대답했다.

"탁자 위에 누워 있는 여동생을 지켜봐야 했던 일이 생각나요. 동생은 가만히 있지 못하고 이불을 걷어찼어요. 저는 이불을 잘 덮어주고 싶어서 끌어당겼는데 동생이 탁자에서 떨어져 다쳤어요."

이 여성은 나를 찾아왔을 때 마흔다섯 살이었다. 그녀는 학교에 다닐 때, 결혼생활에서, 그리고 평생 동안 자신이 무시당한다고 느끼며 살았다. 아주 어린 시절에 권좌에서 밀려났을 때처럼 말이다. 의심과 불신을 더 잘 보여주는 비슷한 예로 다음과 같이 말한 남성을 들 수 있다.

"어머니, 남동생과 함께 시장에 가고 있는데 갑자기 비가 내리기 시작했어요. 어머니가 저를 안았지만 제가 나이가 더 많다는 걸 깨닫고는 저를 내려놓으신 뒤 남동생을 안으셨죠." 그는 삶에서 성공을 거두었지만, 타자를 믿지 못했고 특히 여성을 불신했다.

30세의 한 학생이 시험을 앞두고 어려움에 빠져 나를 찾아왔다. 그는 시험에 대한 부담 때문에 잠도 못 자고 집중도 되지 않는다고 호소했다. 이 증상은 이 환자의 준비와 용기가 부족하다는 것을 나타내며, 나이로 봤을 때 직업 문제의 해결을 피한다는 것을 알 수 있다. 그는 사회 적응력이 부족해 친구가 없었고 사랑에 빠진 적도 없었다. 성에 대한 관심은 자위와 몽정으로 표현되었다. 그의 최초의 기억은 아기 침대에 누워 주위의 벽지와 커튼을 바라본 일이었다. 이 기억에는 훗날의 외로운 처지가 반영되어 있으며 시각적 행동에 대한 관심도 담겨 있다. 난시였던 그는 이 기관 열등성을 보상하려고 애썼다. 하지만 우리는 무슨 기능이든 공동체 감성과 동떨어져 강하게 발달되면 조화로운 삶을 방해할 수 있다는 점을 기억해야 한다. 보는 것은 가치 있는 활동이긴 하지만, 다른 활동을 일체 접고 하루 종일 시각만 만족시키고 싶어하면 강박신경증에 걸릴 수 있다. 오로지 보는 데에만 관심이 있는 유형의 사람도 있지만 이 관심이 유용하게 이용될 수 있는 활동은 소수에 불과하며 사회에 적응하지 못한 사람은 이런 활동을 찾을 수 없다. 우리가 살펴보았 듯이 이 환자는 누구에게도 진정한 동료가 되지 못했기 때문에 그의 특이한 관심사는 아무 쓸모가 없었다.

최초의 기억에서는 종종 움직임에 대한 관심이 드러난다. 여행을 하거나 달리거나 차를 타고 가거나 점프하는 기억들이다. 우리가 아는 한 이런 기억은 일을 시작했을 때 어려움에 부딪히는 사람들에게서 특징적으로 찾아볼 수 있다. 나는 25세의 한 남성의 사례에서 이 같은 점을 발견했다. 매우 독실한 집안의 장남이던 그는 나쁜 행실을 일삼아 내게 보내졌다. 그는 반항적이고 게으를 뿐만 아니라 거짓말을 하는가 하면 빚을 지고 도둑질까지 했다. 세 살 아래인 여동생은 싹싹한 유형으로 열심히 노력하고 유능했으며 학력이 높았다. 그래서 오빠와의 경쟁에서 쉽게 승자의 자리를 차지했다. 이 환자의 나쁜 행동들은 사춘기 때 시작되었다. 많은 심리학자는 이를 생식선의 발달로 인한 일종의 감정의 "격발" 탓으로 돌릴 것이다. 이 환자를 비롯한 여러 사례에서 이 시기에 유해하고 이른 성관계가 발견되기 때문에 그 이론은 더 그럴싸해 보인다.

하지만 완벽하게 자연스러운 현상인 사춘기의 위기가 왜 어떤 사람들에게는 도덕적인 문제를 일으키고 다른 사람들에게는 그렇지 않을까? 예를 들어 이 환자의 여동생은 왜 나쁜 행동을 하지 않았을까? 여동생은 좀더 유리한 처지에 있었고 오빠는 우리가 많은 사례를 통해 파악한 것과 같은 특별한 위험 상황에 처해 있었기 때문이다. 또한 이 환자의 과거사를 좀더 깊이 파고들어가 보니 사춘기는 라이프스타일에 어떤 변화도 일으키지 않았다는 것을 알게 되었다. 소년은 그전부터 이미 사회적으로 유용한 삶에서 일등이 될 수 있다는 희망을 점차적으로 포기해왔고, 절망에 빠질수록 손쉽게 무익한 보상을 얻을 수 있는 길로 더 깊이 들어갔다.

이 남성의 최초의 기억은 캐딜락을 타고 하루 종일 달린 일이었다. 그는 완쾌된 뒤 처음에는 아버지의 사무실로 돌아갔지만 결국 외판사원 일을 하면서 삶에 적응했다.

위험한 상황과 관련된 최초의 기억도 많다. 일반적으로 라이프스타일에서 공포를 중요하게 이용하는 사람들이 이런 기억을 이야기한다. 한번은 한 기혼 여성이 찾아와 자신은 약국을 지나갈 때마다 오싹한 기분이 드는데 이유를 모르겠다고 말했다. 그녀는 몇 년 전에 요양원에서 오랫동안 결핵 치료를 받았고, 나를 만나기 몇 달 전에 전문의로부터 병이 완치되었으니 아이를 가져도 괜찮다는 말을 들었다. 의사가 이렇게 절대적인 완치 선언을 한 직후부터 그녀는 강박에 시달리기 시작했다. 약국은 그녀의 병을 상기시켜주는 경고였으며 과거를 불러내 미래를 불길하게 만드는 역할을 했다. 그녀는 아이를 낳을 가능성을 자신의 건강에 대한 위험과 연결시켰다. 그녀와 남편 모두 아이를 낳는 데 동의했지만, 그녀의 행동은 내심 출산을 꺼린다는 것을 분명히 보여주었다. 아이를 낳고 싶지 않은 마음이 다른 어떤 논리적 이유보다 강했고, 의사는 전문가로서 두려움을 줄여줄 수는 있지만 완전히 없애지는 못했다.

여러 비슷한 사례와 마찬가지로 이 환자의 경우도 진짜 이유는 더 깊이 감춰져 있으며, 라이프스타일에서 가장 중요하게 추구하는 노력을 발견해야 그 이유를 알 수 있다. 아이를 낳는 데 대한 거부감이 출산이나 병에 대한 객관적인 두려움에서 생기는 일은 설사 있다고 해도 극히 드물다. 이 여성의 경우, 무대의 중심에 서고 싶어 하는 응석받이였다는 점을 쉽게 알 수 있었다. 이런 여성들은 어떤 라이벌도 등장하는 것을 원치 않아서 갖가지 이유와 불합리한 근거를 대며 반대한다. 이 환자는 자신의 나약함을 표현하고 관심을 한 몸에 받을 기회를 감지하는 훈련을 완벽하게 해왔다. 최초의 기억을 물어보자 그녀가 대답했다.

"저는 도시 근교의 작은 우리 집에서 놀고 있었어요. 어머니는 제가 우물을 덮은 널빤지 위에서 뛰는 모습을 보고 겁에 질리셨죠."

한 철학도가 적면공포증으로 나를 찾아왔다. 그는 아주 어릴 적부터 쉽게 얼굴이 빨개져서 놀림을 받아왔고 지난 두 달 동안은 증세가 무척 심해져서 식당에 가거나 강의를 듣는 일은 물론이려니와

방 밖으로 나가는 것조차 두려워하게 되었다. 나는 이 환자가 시험을 앞두고 있다는 사실을 알게 되었다. 그는 심약하고 소심하며 숫기가 없었다. 모임에 나가거나 사람들과 함께 일하거나 여자와 있으면 한결같이 극심한 긴장감에 시달렸다. 교감신경긴장형[15]인 그는 이러한 긴장으로 인해 자율신경계가 자극을 받았다. 최근 들어 얼굴이 붉어지는 것에 더욱 신경이 쓰인 그는 이 증상을 도피의 구실로 삼기 시작했다. 그는 어릴 적부터 어머니에게 강한 반감을 품었는데, 그 이유는 부분적으로는 남동생 때문이었다. 이제 그는 계속 나아가면 성공을 거둘 수 있다는 것을 더 이상 믿지 못하게 되었다. 그의 최초의 기억은 다음과 같다.

"다섯 살 때 세 살 된 남동생과 함께 집 밖으로 나갔어요. 부모님은 우리가 집에서 없어진 것을 아시고 안절부절못하셨어요. 집 근처에 호수가 하나 있었는데 우리가 거기에 빠질까봐 걱정하신 거죠. 집에 돌아온 뒤 저는 매를 맞았어요."

나는 이 기억이 그가 집을 좋아하지 않았다는 의미임을 알아차렸다. 그는 집에서 자신이 무시당한다고 느꼈다. "저는 매를 맞았는데 동생은 맞지 않았어요"라는 말은 이런 내 생각을 확인시켜주었다. 하지만 당시 그는 집을 나갔을 때 자신이 위험한 상태였다는 것을 알게 되었고, 이 인식이 그에게 깊은 인상을 남겼다. 그의 현재 행동들에는 이 인식이 반영되어 있다. 밖에 나가서는 안 되며 위험을 무릅쓰고 너무 멀리 가서는 안 된다는 생각이 행동들을 지배하는 것이다. 이런 사람들은 삶을 덫처럼 느낀다. 이 환자가 여성과 만날 때 놀림을 당하며 얼굴이 붉어져 화가 나고 상대를 짜증나게 하면서 괴로워한다는 것은 쉽게 짐작할 수 있다.

195

9장 더욱 무익한 우월성의 목표

ADLER
CLASSIC
1

가장 숭고한 목표는 가장 병리학적인 사례, 즉 정신병에서 발견된다. 정신분열증에서는 예수 그리스도가 되고 싶어하는 욕구를 흔히 볼 수 있다. 조울병에서도 환자가 조증 시기일 때는 종종 인류의 구원자가 되고 싶어하는 반면 우울증 시기일 때는 지구상에서 가장 악한 존재가 되겠다고 호소한다. 편집증 환자는 관심의 중심이 되려고 애쓸 뿐만 아니라 자신이 이미 그런 중심에 섰다고 실제로 믿는다. 개인심리학은 개인이 타자에 대한 모든 관심을 잃어 자신의 이성과 이해력에 대한 관심까지 잃어버리면 우월성의 목표가 그렇게 높게 정해질 수 있다는 것을 보여주었다. 뿐만 아니라 높은 목표에 매우 힘겹게 맞서느라 그에게는 상식이 쓸모없어지고, 따라서 문제를 해결하지 못하게 된다.

이러한 우월성의 목표는 현실에 다가가지 못하도록 막는다. 현

199

실에 적응하지 못한 사람들은 현실이 더 실감나게 다가올수록 이를 피하려고 더 많은 노력을 기울일 것이다. 심지어 행동할 수 있는 매력적인 기회가 있어도 마찬가지다. 그렇게 함으로써 그의 우월감이 그만큼 높아지기 때문이다. 이런 삶의 방식의 최종 결말이자 논리적으로 생각할 수 있는 정점은 물론 정신병원에 완전히 격리되는 것이다.

아마 가장 대담한 우월성의 목표는 전신마비에서 발견될 것이다. 전신마비가 오면 일반적으로 공동체 감성과 정신 통제력이 가장 현저하게 사라진다. 하지만 모든 과대망상증 사례에서도 공동체 감성의 결여와 신이 되겠다는 똑같은 목표가 나타난다. 또한 우리의 모든 연구 결과에서 일관되게 관찰되는 점은 항상 높은 수준의 비겁함이 나타난다는 것이다. 마찬가지로, 우리는 살인자나 그 외의 특정 범죄자들처럼 타자의 고통에 무감각하거나 타자의 생명을 경시하는 경우를 볼 때마다 이들이 이렇게 된 과정을 추적할 수 있다. 이들은 삶의 무익한 측면에서 위안을 찾으려는 비겁함에 사로잡혀 공동체 감성의 한계를 의도적으로 뚫고 나가 범죄를 저지른다. 모든 살인자는 영웅이 되겠다는 생각에 도취된 겁쟁이다. 나는 이런 성향의 진짜 심리를 모든 사람에게 설명해야 한다고 믿는다. 그러면 "범죄의 급증"을 막는 데 많은 도움이 될 것이다. 범죄자들은 범죄를 저지르려면 적어도 용기가 필요하다는 일반화된 미신으로부터 어느 정도 범행 동기를 얻기 때문이다. 하지만 사실 가장 대담한 범죄도 두려움에서 비롯된다.

범죄 성향의 발달은 무익한 스포츠에 사로잡히는 것과 공통점이 있다. 범죄에서는 기록을 깨려는 욕구가 때로 분명히 나타난다. 또한 가장 큰 범죄 동기들 중 하나가 법과 경찰을 따돌렸다는 느낌이다. 이 느낌은 무익한 측면에서는 상당히 큰 희열이다. 혼자서 세상을 물리쳤다는 기분을 느낄 수 있기 때문이다. 한 통계에 따르면 처벌 가능한 모든 범죄의 약 40퍼센트가 범인을 찾지 못한 채 넘어가며 모든 범죄자는 범죄가 발각되지 않은 경험을 갖고 있다고 한다. 겁쟁이들에게 경찰을 비웃을 수 있는 기회는 아주 매력적이다.

개인적인 우월성의 목표가 이러하면 항상 인생의 세 과제 중 하나를 지나치게 과장한다. 성공에 대한 개념이 사회적 평판이나 일에서의 성공, 혹은 성적 정복에 비정상적으로 제한되는 경우를 볼 수 있는데, 그러면 전투적이고 질투심이 강한 입신출세주의자, 다른 사람들을 희생시켜 자신의 이익을 늘리는 거물 사업가, 육욕을 좇는 '전설의 바람둥이' 돈 후안 지망자가 생겨난다. 이들은 꼭 해야 하는 많은 일을 하지 않아 조화로운 삶을 얻지 못한다. 그리하여 자신의 좁은 활동 영역에서 더욱 미친 듯이 노력함으로써 이를 보상하려 한다.

성도착증 환자에게서 우리는 목표가 순전히 가상적인 형태로 표현되는 것을 발견한다. 특히 지배에 대한 의지가 성적 자극과 연결되어 있는 사디스트 유형에서 이를 분명하게 볼 수 있다. 개인심리학은 마조히즘의 증상들 역시 개인의 우월성의 목표에 의해 지배를 받는다는 것을 입증함으로써 도착증의 정신 구조에 대한 이해의 현저한 진전을 이루었다. 마조히스트들의 환상뿐 아니라 행동에서도 이기주의적 성향은 분명하게 진단된다. 피학적 태도는 "나는 당신의 매력에 지배당하는 게 아닙니다. 내가 시키는 일을 해야 하는 것은 당신입니다"를 의미한다. 이 말이 암시하는 성향은 사디즘에서

201

더 전적으로 표현되지만 사디스트들의 요구는 "고통을 달라"는 마조히스트들의 요구보다 분명 실행하기 더 힘들다. 하지만 가학적 행위와 피학적 행위를 뒤섞어 보여주는 사람들도 있다.

나는 대부분의 마조히스트의 목적이 사랑과 결혼을 피하는 것임을 발견했다. 사랑과 결혼을 피하는 이유는 자신이 패배의 위험을 무릅쓸 만큼 강하다고 느끼지 않기 때문이다. 이들은 비록 불명예스러운 도피라도 패배를 피하는 것이 우월성의 목표인 양 생각할 것이다. 이들은 사랑이나 결혼 상대로 어울리는 이성들을 피학적 성향을 이용해 모두 배척할 수 있다. 내가 동성애를 치료했던 한 남성은 창녀와 피학적 성관계를 갖기까지 했다. 그는 동성애를 이용해 모든 여성을 배제했고 마조히즘 성향을 보인 시기에는 모든 가치 있는 여성을 배제했다.

마찬가지로 마조히즘의 환상에 빠진 여성들에게서 우리는 이들이 추구하는 우월성의 목표가 독신주의의 형태를 띤다는 것을 종종 발견한다. 이들은 사랑과 결혼을 고통으로만 상상할 수 있고, 독신주의에 대한 이러한 환상 자체는 피학적 성향과 일맥상통하는 만족감을 준다. 자위행위에는 육체적이건 정신적이건 항상 어떤 일관성이 나타난다. 자위는 고립된 개인에게 적합한 성적 태도이며, 정확히 해석하자면 성적인 협력관계를 배제하고 싶다는 뜻이다. 그런 경우 환자는 항상 상대를 자신에게 굴욕을 주는 존재로 여기는 경향을 나타낼 것이다. 그리고 이런 생각은 현실에서는 자제된다 해도 공상 속에서 표현될 것이다.

우월감을 얻는 한 방법은 다른 사람들을 화나게 하는 것이다. 다소 교묘한 방법으로 부모나 교사, 남편이나 아내의 화를 돋우어 분노를 폭발시킴으로써 자신을 공격하거나 벌주게 한다. 많은 아이는 이런 방법으로 타인에 대한 자신의 힘을 증명해 큰 만족감을 얻으며, 대개 원하는 반응을 얻으면 이런 행동을 그만둔다. 더 반사회적인 방법은 다른 사람에게 상처를 주어 우월성의 목표를 달성하는 것이다. 국적이나 생활수준, 여성의 경우는 많은 나이, 빨강 머리나 툭 튀어나온 코, 뻐드렁니 같은 남다른 외모적 특징처럼 누군가에게 불리한 모든 사소한 증거와 악의적인 평가를 수집한다. 신경증적 열등감은 사실이건 넘겨씌운 것이건 타인의 이 모든 약점을 탐욕스레 흡수한다. 마치 다른 곳의 공허가 더 크다고 생각하면 자신의 공허가 채워질 수 있는 것처럼 말이다. 그리고 물론 그런 행동은 공격받는 사람에게 열등감을 불러일으킬 수 있다.

백일몽에서는 높은 목표가 거리낌 없이 드러난다. 최고 부자나 황제나 개척자가 되겠다는 욕망이 상상 속에서 충족되는데, 무엇이 되었든 이 욕망은 항상 그 사람의 삶의 방식에서 우월하다고 생각하는 이미지들이다.

이런 상상들에서는 공동체 감성이 어느 정도인지도 표현된다. 예를 들어 목숨을 구하는 상상이나 달아나는 말을 멈춰 세워 익사를 막는 상상은 누군가를 고문하거나 고문당하는 상상보다 사회적 성향이 더 강하다는 표시다. 아이들은 흔히 지금의 부모가 친부모가 아니라는 상상을 한다. 이런 상상은 어떤 이유로 부모에게 만족하지 못하고 있음을 나타내며 자신이 고귀한 부모의 숨겨진 자식이라고 믿게 해준다. 이러한 특별한 성향의 판타지는, 신화와 전설에서 영웅은 항상 신이나 반신반인의 아들딸이거나, 아무도 모르지만 적어도 왕실 혈통이자 막대한 권력과 재산의 상속자라는 사실에 의

더욱 무익한
우월성의 목표

해 군중심리학이라는 게 드러난다.

현실과의 이중적 괴리에 빠진 적면공포증

정말로 가학적이거나 피학적인 백일몽은 그 사람이 참여자가 아니라 관찰자 역할만 할 때 나타난다. 그는 정복자의 힘을 보면서 즐기거나 자신의 감정을 약자와 동일시한다. 백일몽에 잠겨 느끼는 이런 대리만족은 당연히 현실을 이중으로 외면하는 것이며 용기가 더 많이 부족하다는 것을 나타낸다.

적면공포증을 앓는 32세의 한 남성이 이런 경우다. 그는 어디를 가든 사람들이 자신을 쳐다보지 않을 수 없다고 믿었다. 그래서 늘 얼굴이 붉어졌다. 그는 키가 작고 사팔뜨기에다 한쪽 다리가 다른 쪽보다 짧아 다리를 절었다. 어머니는 이 아들을 응석받이로 키웠지만 다른 형제들은 그를 싫어하고 억압했다. 그래서 그는 학교에 다니게 되었을 때 잘못된 태도로 급우들을 대했다. 한편 그는 훌륭한 체조 선수가 되어 개인적 우월성을 유지하려고 노력했다. 하지만 체조 선수로 성과를 거두어도 만족할 만큼 사람들의 지속적인 관심을 끌지 못하자 이번에는 다른 사람들의 동정심을 자극해 이를 보충하려 애썼다. 그런데 이 방법도 만족스럽지 않자 익살을 부리고 바보짓을 해서 관심을 끌었다. 마침내 원하는 만큼의 추앙을 받지 못하는 데 절망한 그는 이를 포기한 채 사회와 사랑에서 달아나려고 했다. 그는 거리나 식당, 극장에서 사람들을 만날 때마다 심한 정신적 긴장을 느꼈으며 혈관운동신경에 장애가 일어나 얼굴이 붉

어지며 두려움을 느꼈다. 또한 모든 경찰이 자신을 용의자로 지켜
보고 있다는 편집증적 공포에도 시달렸다. 이 모든 증상 때문에 그
는 자신을 격리시키고 아주 가끔씩 간단한 일만 했다.

지금 설명하고 있는 사례의 핵심은 성적 환상이 주를 이루는 이
남성의 백일몽이다. 그의 성생활은 당연히 자위로 이뤄졌지만, 남
자아이들끼리 서로를 때리는 모습을 그리며 자신은 "웃고 있는 제3
자"가 되는 이 공상들에는 성 문제의 해결을 적극 회피하는 태도가
드러나 있다.

그는 최후의 수단으로 일에 전념하려고 노력했지만, 이번에도 자
신이 제대로 평가받지 못한다는 사실을 알자 모든 동료가 자신을
겨냥해 음모를 꾸미고 있다는 편집증적 환상에 빠졌다. 그는 일을
그만두고 요양원으로 갔는데, 이곳에서 자신에게 깊은 동정심을 보
이는 여성을 만났다. 그때까지 그는 인생의 모든 과제에서 도망쳤지
만 이제 사랑의 과제에서 진일보하고 싶다는 충동을 느꼈다. 하지
만 해묵은 절망감과 비굴함이 여전히 그를 옥죄었다. 그는 오래전
에 자신을 인생의 고투에 대한 관찰자로 못 박아놓았는데, 이제 이
입장을 흔드는 상황이 발생한 것이다. 그리하여 어느 날 그는 총을
쏘아 자살하고 말았다.

배가 부풀어 오른 무당개구리

빨강 머리는 때로 충분히 열등감을 불러일으킬 만한 요인으로 여겨
진다. 다음 사례는 빨강 머리가 신경증 형성에 영향을 미칠 수 있다

는 가능성을 예증한다. 45세의 한 남성이 심장의 고통을 호소했다. 이 고통은 처음에는 신체 질환으로, 나중에는 신경증적 장애로 진단되었다. 이 환자의 어머니는 아들을 심한 응석받이로 키웠고, 그는 급우들을 지배하려 들어 인기가 없었다. 급우들은 항상 그의 빨강 머리를 놀렸다. 그는 너무나 비사교적이어서 친구를 사귀지 못했지만 학교 성적은 매우 우수했다.

나중에 그는 2년 동안 정신분석학적 치료를 받았고, 그를 담당했던 의사는 그에게 자신의 환자 중 한 명과 결혼하라고 권했다. 그는 공동체 감성이 부족했던 탓에 당연히 성공적인 결혼생활을 영위하지 못했다. 그는 터무니없는 방식으로 아내를 지배하려 했고, 아내가 어떤 식으로든 거부하면 긴장감이 한껏 높아져서 맥박이 1분에 150회나 뛰었다.

이런 심장병은 종종 공기를 삼킨 결과로 나타난다고 볼 수 있다. 공기를 삼키는 습관은 천식, 배탈, 복부 창만, 심지어 상상임신의 원인이 되기도 한다. 일반적으로 환자는 자신에게 이런 습관이 있다는 것을 전혀 알지 못하며, 내 경험에 따르면 이들은 종종 잠을 자면서 공기를 삼킨다. 이른 아침의 구토증, 특히 히스테리성 구토가 일어나면 이런 습관을 의심할 만하다. 공기를 삼키는 습관은 과도한 무능력감이 불러온 심각한 정신적 긴장에 의해 생기며, 시험을 보거나 구애를 하는 등의 위기 상황에 흔히 나타나므로 아마도 인간의 본성 깊은 곳에 있는 어떠한 성향이 원인일 것이다.

이 환자의 경우도 공기를 삼키는 습관이 문제를 일으켰다. 환자에게 이 습관의 정신적인 작용을 설명해주자 그는 이런 꿈을 꾸었다고 말했다.

"공기를 마셔서 배가 부풀어 오른 무당개구리 한 마리를 봤어요."

환자가 현실의 일관된 증상으로부터 얼마나 쉽게 관심을 딴 데로 돌리는지를 보는 것은 흥미롭다. 그는 이 꿈을 이해할 수 없는 수수께끼처럼 취급했다. 나는 그가 잠을 자는 동안은 자신이 무슨 일을 하고 있는지 완벽하게 이해하고 있으며, 이 꿈은 "나는 비정상적인 몸 색깔로 고통을 받아 실제보다 더 크게 몸을 부풀리려고 애쓰는 무당개구리와 비슷하다"라는 뜻이라고 해석해주었다. 하지만 그는 내 해석을 비판했는데, 이는 그가 자신의 증상을 이해하고 싶지 않다는 명백한 증거였다.

사촌과 결혼하고 싶어하는 남성

남성적 저항은 종종 아주 높은 우월성의 목표에서 분명히 나타난다. 40세의 한 남성이 갑자기 될 대로 되라는 식으로 사촌과 결혼해야겠다는 기분이 들어 신경과민에 시달리다가 나를 찾아왔다. 근친상간은 상식에 어긋나고 혈연 간의 대담한 결합이 필요하기 때문에, 실제로건 공상이건 가까운 친척과의 결혼은 이성에 대한 두려움을 나타낸다. 근친상간 성향은 비겁함과 사회적 무능력감에서 유래한다. 이 환자는 사랑과 결혼을 향한 충동을 항상 저지해왔고, 연극을 보러 가거나 고기를 먹는 등 만족감을 안겨주는 다양한 활동도 거부했다. 최근에는 채식주의자가 되었다. 순결을 가장 중시했으며 사무실에서 여성 고객을 접해야 할 때면 심한 불안을 느꼈다.

장남인 그는 남동생 때문에 자기 자리에서 밀려난 데 대해 분개했으며 어머니가 자신을 무시하고 뒷전으로 밀어냈다고 느꼈다. 그래서 그는 아버지에게 마음이 더 기울었다. 그는 처음에는 어머니, 나중에는 모든 여성을 매우 신랄하게 비난했다. 그의 최초의 기억은 다음과 같았다.

"네 살 때 우리 집이 이사를 갔어요. 나는 새 아파트 근처에서 만난 낯선 여인을 도랑에 빠뜨리려고 했죠."

그는 할머니에게도 매우 적대적이었다고 기억했다. 이제 결혼 적령기에 이른 이 환자는 결혼이 몹시 하고 싶었다. 하지만 정상적인 방식으로는 결혼하고 싶지 않아서 일종의 미봉책으로 가까운 친지 중에서 상대를 찾았다. 동시에 그의 무책임함과 갑작스런 후회는 이 모든 일에 더 깊이 숨겨져 있는 무언가를 드러냈다. 그가 정말로 원하는 바는 살아 있는 동안에 다시는 여성에게 다가가지 말라고 스스로에게 엄중하게 경고하는 것이었다. 그래서 그는 경고용으로 이 짧은 막간 촌극을 벌인 것이었다. 물론 나는 결혼하고 싶은 욕망은 신경증의 징후일 뿐이라며 결혼하지 말라고 충고하는 현명한 조언자 역할로 이 촌극에 캐스팅되었다.

우월한 관계를 확립하기 위해 질투가 자주 이용된다. 질투를 하는 사람은 상대의 행동에 규칙을 정하고 비난과 도덕적인 질책을 하며 이 규칙들을 강요한다. 당하는 사람은 배우자나 애인의 위치에서 굴욕적인 하인으로 전락한다. 그러면 질투를 하는 쪽은 상대적인 우월감을 느낀다. 편집증과 알코올 중독에서도 질투와의 연관관계가 발견되는데, 여기서도 질투는 근본적으로 비슷한 방식으로 이용된다. 두 가지 증상 모두 환자는 심한 자신감 부족으로 성관계

파트너를 괴롭히는 방법을 꾸며내 우월성을 얻으려 애쓴다. 이런 경우는 흔히 이야기하는 것처럼 알코올 중독이 발기부전을 일으킨 것이 아니다. 이 현상들은 사회 적응력, 용기, 자신감 부족을 보상하기 위한 무익한 노력 속에 알코올 중독, 발기부전, 질투가 합쳐진 것이다. 그리고 전체적으로 점점 더 심해지는 이기적인 태도를 드러낸다.

질투에 시달리는 60세 여성

인생의 말년에 시작된 편집증은 무력한 상태를 보상하기 위해 실제로는 착각인 질투심을 불러일으키기도 한다. 한때는 부유하여 온갖 사치를 누리다가 가난해진 한 여성이 이 경우에 해당된다. 결혼한 두 딸이 그녀와 남편을 부양해 두 사람이 몸에 밴 사치스러운 생활을 유지하도록 해주었다. 하지만 그녀는 쓸쓸함을 느꼈고 새로운 제약들에 적응하지 못했다. 낭비와 권력에 무척 익숙해져 있었기 때문이다. 딸들은 자신의 가족들을 돌보느라 어머니에게 거의 관심을 기울이지 못했고, 그녀에게 남은 이는 남편뿐이었다. 그녀는 자신이 잃은 모든 것을 남편에게서 보상받으려고 애썼으며, 당연히 남편은 이를 받아들이지 못했다.

남편이 그녀에게 완전히 복종하고 노예처럼 굴어야 그녀가 원하는 우월감이 유지되겠지만, 남편의 태도는 그녀의 요구에 한참 못 미쳤다. 이미 상처 입은 자존감이 더욱 손상된 그녀는 지배력을 행사하기 위해 남편이 바람을 피웠다며 비난했다. 남편은 70세, 자신은 60세였는데 말이다. 부부의 집에는 젊은 하녀가 한 명 살고 있었다. 그녀는 남편이 이 하녀에게 친절하게 대하는 것을 성적인 관계의 표시로 생각했다. 그리고 낮이건 밤이건 집에서 들리는 모든 소리를 자신의 믿음을 확인시켜주는 증거라고 상상했다. 하녀는 마침내 그 집을 떠나 다른 도시에서 일자리를 구했다. 하지만 그녀는 하녀가 이제 그 부근에 살지 않는다고 아무리 설득해도 믿지 않았으며 밤에 하녀가 문을 두드리는 소리를 분명히 들었다면서 남편이 신문에 광고를 내서 정부와 연락한다고 의심했다.

그녀가 왜 질투 없이 살기 힘든지 이해하는 것은 어렵지 않다. 그녀가 관심의 중심이 되어 살던 때와 달리 남편과 딸들의 태도가 바뀌었기 때문이다. 그녀는 현실에 절망했지만 우월성의 목표는 그대로였다. 그래서 그녀는 질투를 이용해 비난하는 태도를 취함으로써 주변 세상이 여전히 그녀의 특권을 중심으로 돌아가도록 할 수 있었다.

<hr />

신경증적 심장 질환과 질투

그러나 환자가 질투에 빠져 있으면서도 그 사실을 결코 인정하지 않는 경우도 많다. 아마도 질투심 자체가 열등감이라고 느껴지고 의식적인 자기 평가와 상충되기 때문일 것이다.

간헐적인 심장의 통증을 호소한 환자가 있었다. 이 증상은 특히 그녀가 불만을 느낄 때 자주 발생했다. 그녀는 결혼한 지 20년 가까이 되었으며, 매우 행복한 결혼생활을 한 것으로 보였다. 남편은 몸이 약하긴 하지만 다정했으며 두 사람은 외동딸을 두었고 아주 좋은 환경에서 살고 있었다. 환자는 1년 전부터 가슴에서 시작해 양팔로 퍼지는 통증으로 고생했으며, 협심증이 의심되었다. 하지만 신체 기관의 증후는 발견되지 않았고 통증이 항상 정신적인 동요 이후에 나타났기 때문에 신경증(가성 협심증)으로 진단하는 것이 타당했다. 이 증상이 나타나기 얼마 전에 그녀는 다리에 이상한 느낌을 받았다고 한다. 마치 다리가 묶여 있는 것처럼 움직일 수 없었던 것이다. 그녀는 최근의 증상들이 몹시 고통스러우며 몇 분 동안 지속되다가 토하면서 끝났다고 설명했다. 좀더 자세히 물어보자 흉골 부근에서 시작된 통증이 목까지 올라갔으며 그 때문에 자주 토하고 속이 부글거리며 때때로 복부 창만이 나타난다는 사실이 밝혀졌다. 이런 복합적인 증상을 발견하면 나는 의사에게 공기연하증 aerophagia인지 확인해보라고 권한다. 이 환자의 경우는 이야기를 나누면서 이 증상을 관찰할 수 있었다.

이 환자는 나를 만나러 외국에서 왔는데, 빈에 도착한 뒤 남편은 베를린에서 얼마간 지내기 위해 떠났다. 남편이 떠난 날 밤, 그녀는 잠을 이루지 못했다. 잠들지 못한 채 누워 있는 동안 무슨 생각을 했는지 물어보자 그녀가 대답했다.

"남편이 베를린이 아닌 어디에 있을지 계속 생각했어요."

이 말을 들으니 그녀가 남편이 어디에 있는지 끊임없이 생각하며 그가 뭘 하고 있는지 궁금해한다는 확신이 들었다. 그녀는 운 좋은 결혼생활을 했기 때문에 그만큼 더 날카로운 경계심을 항상 늦추지 않았다. 이런 상황은 질투로 인한 두려움을 불러일으키기 좋은 토대다. 특히 이 환자처럼 야심 강한 여성은 더욱 그러하다.

이틀째 밤을 지낸 뒤 그녀는 다음과 같은 꿈을 꾸었다.

"누군가가 제게 송아지 한 마리를 보여줬어요. 다리를 절고 걷지 못하는 송아지였죠. 그 사람은 제게 그 송아지를 도살하라고 명령했어요."

걷지 못한다는 점은 그녀 자신의 증상을 상기시켜준다. 따라서 그녀는 자신을 송아지와 동일시했다고 추정할 수 있다. 이런 연관 관계로 볼 때 송아지를 도살하는 것은 자살을 나타내고, 아마도 이 경우에는 목을 잘라 죽이는 걸 뜻할 것이다. 하지만 다리를 전다는 데에는 더 많은 의미가 담겨 있다. 남편의 친구가 임균관절염으로 무릎에 관절굳음증이 와서 고생했다는 그녀의 말은 이 의미를 이해하는 데 큰 도움을 주었다.

매독에 대한 두려움

광장공포증에 시달리는 30세 남성의 사례는 상처받은 질투심이 신경증의 목표를 이루는 데 어떻게 이용되는지 잘 보여준다. 그는 꽤 지적인 사람이었지만 광장공포증이 일이고 사회적 관계고 모두 방해했다. 그에게 신경증이 찾아온 것은 약혼녀의 부정으로 낙심한 뒤였다. 그는 다른 지역에서 좋은 일자리를 구해 일하며 이 불행한 사건을 잊으라는 조언을 듣고 그 말에 따랐다.

하지만 다른 도시에서 일한 지 며칠 만에 처음으로 불안 발작 증세를 보였고, 죽을까봐 두려워진 그는 서둘러 어머니에게 돌아갔다. 그리고 나를 만날 때까지도 어머니와 함께 살고 있었다. 그는 처음으로 불안 발작을 일으키기 며칠 전에 매독에 대해 생각하고 자신이 이 병에 얼마나 쉽게 감염될 수 있는지도 계속 생각했다고 한다. 이런 생각에 몰두한 것은 모든 여성을 멀리하고 어머니의 보호 안에서만 살기 위해 이 목적에 알맞은 생각을 함으로써 스스로를 준비시킨 것으로 이해할 수 있다. 그의 행동은 세상에서 쉽게 도망쳐 어머니와 함께 있을 때에만 안전하다고 확신하는 응석받이의 행동이었다. 이 환자의 최초의 기억은 그의 라이프스타일의 요약이라고 말할 수 있다.

"네 살 때 어머니와 함께 방에 있었어요. 창밖으로 사람들이 일하는 모습을 쳐다봤죠."

이 단편적인 기억은 험한 세상으로부터 보호받기를 비정상적일 정도로 원하는 마음과 "다른 사람들이 어떻게 일하는지" 보는 데 대한 관심(그는 근시였다)을 말해준다. 어머니와 함께 있으면서 다른 사람들이 일하는 모습을 관찰하는 것은 긴장과 불안으로부터 도망치기 위해 그가 생각해낼 수 있는 유일한 방법이었다. 이 환자는 완치된 뒤 인테리어 장식가로 새롭게 일을 시작했다.

남성적 역할의 회피

초기 기억은 종종 성적 태도가 어떻게 형성되었는지에 관한 중요한 단서를 제공한다. 삶에 대해 매우 방관적 태도를 지닌 14세의 한 응석받이 소년이 좋은 예다. 패배를 깨끗하게 인정하지 않는 성격인 이 소년은 수영을 배우기 몹시 어려워했고 뭔가를 배우거나 일하는

213

것을 내켜하지 않았으며, 특히 수학을 싫어했다. 이런 유형의 아이들은 흔히 수학을 가장 어려워하는데, 아마도 수학은 응용력을 필요로 하기 때문일 것이다. 소년은 가장 좋은 이야기 상대인 어머니에게 한동안 수영장이나 그 밖의 다른 곳에서 남자의 근육을 보면 쉽게 성적 흥분을 느꼈다고 털어놓았다. 이 소년의 최초의 기억은 어머니와 함께 산책한 일인데, 당시 사람들은 그의 구불구불한 금발을 보고 "정말 예쁜 소녀구나!"라고 말하곤 했다. 하지만 여자가 되고 싶은지 물어보자 그는 단호하게 부인했다. 그는 의식적으로는 여성보다 남성인 것이 더 낫다고 생각했다.

하지만 사실은 모든 것을 쉽게 얻길 원하기 때문에 남성의 역할을 수행하는 데 필요한 준비를 본능적으로 피했다. 그의 목표는 여자처럼 구애를 받고 관심을 받는 것이었다. 예쁘장한 외모로 봤을 때는 실현 가능한 목표처럼 보였지만 다른 모든 면에서는 성공하기 어렵고 의심스러운 목표였기 때문에 그는 게으름이나 무능으로 도피했다.

이러한 라이프스타일은 환자에게 상대적인 권력이나 지배력을 느끼게 해준다는 점을 이해해야 한다. 또 이런 사람들은 자신이 지배할 수 없는 모든 상황을 몹시 싫어한다. 이 소년이 천둥을 지나치게 무서워하는 것도 놀라운 일은 아니다. 천둥은 사람이 관리하거나 통제할 수 없는 상황의 좋은 예이기 때문이다. 둘째이자 막내 특유의 높은 야심을 지닌 이 소년은 명백한 패배를 겪자 남성으로서 충분히 성공을 거둘 수 있다고 생각하지 못하게 되었다. 그래서 사랑과 숭배를 받음으로써 수동적으로 지배하는 동성애적 목표를 세우려 시도했다.

꿈이나 공상 혹은 초기 기억에서 높은 우월성 개념이 드러나 그 환자의 라이프스타일의 한 단편을 볼 수 있는 사례가 많다. 예를 들어 20세의 한 여성은 내게 이렇게 말한 적이 있다.

"물론 상상 속의 기억이지만 저는 오래전에 높은 구름 속에 있었답니다."

그녀는 아주 예쁜 아이였고 딸의 응석을 받아주던 아버지는 그녀가 열네 살 때 자살했다. 알다시피 아이가 아버지에 기대는 것은 항상 차선책이고 어머니에게 불만이 있음을 나타낸다. 나는 그녀에게 여동생이 있을 거라고 짐작했다. 아버지가 죽은 뒤 그녀의 외모에는 변화가 왔고 예쁜 모습이 사라졌다. 이제 여동생이 그녀보다 더 매력적이 되었고 어머니는 몸이 아픈 오빠에게 한동안 온 신경을 쏟았다. 응석을 받아줄 사람이 아무도 없고 특히 오빠가 적대적으로 굴자 그녀는 관심을 끌려고 싸우기 시작했다. 그 무렵 그녀는 몹시 불쾌하고 충격적인 경험을 했다. 어느 날 학교에서 돌아오는 길에 한 남자가 옆을 지나치면서 그녀에게 자신의 성기를 보여준 것이다. 그녀는 공포에 질려 비명을 지르며 집으로 달려갔다.

노출증 환자와 맞닥뜨리는 경험은 일반적으로 알려진 것보다 훨씬 더 자주 일어난다. 성이라는 인생의 과제를 현실적으로 해결하려고 노력하기에는 지나치게 비겁한 남성들, 위안이나 대체적인 방법을 찾아 성에 대한 관심을 부분적으로 표현하는 데 그치는 남성이 많다. 그중 시각적 유형의 사람이 다른 대상들로 시야를 옮겨가지 않으면 관음증이나 노출증 환자가 된다. 이런 사람들이 대개 아이들에게 접근한다는 사실에서도 비겁함이 확인한다.

내 환자는 노출증 환자에게서 충격을 받은 뒤 광장공포증이 시작되었다. 하지만 우리는 그녀가 어린 시절 아버지와의 관계에서처럼 성과 관련되지 않은 삶의 방향에서 왕좌를 차지하도록 자신을 훈련시키고 있다는 점을 인식해야 한다. 초기 기억을 보면 그녀의 야심이 높다는 것이 드러나는데, 어머니에게 방치되고 여동생에게 추월당하고 오빠에게 억압당하자 이 야심은 신경증을 심화시킬 정도로 더욱 높아졌다.

이러한 우월성의 목표는 사랑과 결혼을 하면 위험에 처하기 때문에 그녀는 자연히 사랑과 결혼의 가능성을 배제하려 애썼다. 그리고 성생활을 전적으로 분명하게 거부하는 자신을 정당화하기 위해 실제로 성에 대해 처음 겪었던 경험을 최대한 이용했다. 나는 그녀가 백일몽을 이용해 이런 태도를 스스로에게 훈련시키고 있다는 것을 알아차렸다. 이 백일몽들은 자신이 이런 거부감에 완전히 빠져들도록 계산된 것이었다. 자주 반복되는 백일몽, 특히 그녀가 성적 감정을 느낄 때 빠지는 백일몽 중 하나는 오빠를 닮은 남자가 그녀를 넘어뜨린 뒤 침을 뱉는 공상이었다. 그녀는 이런 공상을 하며 희열을 느꼈다.

내 경험에 따르면 흔히 여성들이 이러한 피학적 공상에 빠져든다. 또한 이런 공상들이 밝혀지더라도 대개 여성적 특성이라고 여겨지는 피정복 성향을 나타내는 것으로 취급받는다. 하지만 이런 백일몽은 근본적으로는 매우 단순하지만 복종과는 반대의 욕망, 즉 패배와 굴욕을 당할 가능성이 있는 현실의 성적인 목적을 배제하려는 욕망이 다소 복잡하게 실현된 것이다. 우리는 이런 공상이 성에 대한 거부감을 강화하는 동시에 감각적 욕구를 만족시킨다는 것을 알 수 있다.

첫째, 공상 속에서 느끼는 만족감은 스스로에게 "실제로 관계를 맺을 필요가 없다"고 가르치고 둘째, 패배의 상상(이 경우에는 그녀를 싫어하는 오빠가 주는 모욕)과 뒤섞인 만족감은 실제 경험이 매우 불쾌할 것이라고 느끼게 해주기 때문이다. 따라서 공상은 일종의 기도처럼 적절한 명상이다. 공상을 하면서 한편으로는 타자에 대한 관심을 없애고 다른 한편으로는 결혼으로부터 도망치는 것을 열망하도록 자신을 훈련시킨다. 마조히즘이 실제로 피학적 관계를 맺으려는 시도로 표현되는 경우에도 정상적인 행위 및 자연스러운 상태를 멀리하려는 목적은 근본적으로 같다.

따라서 피학적 공상이 복종 욕구를 나타낸다는 생각은 전혀 사실이 아니다. 이 환자는 자신이 지배할 수 있는 누군가를 찾았고 여동생이 자신의 순종적인 노예가 되어야 한다는 생각에 매달리다가 마침내 모든 일에 늘 함께하자고 졸랐다. 이 환자의 실패는 그녀가 아주 약간의 현실적인 지배도 참지 못한다는 점을 보여주었다. 그녀는 일자리를 구했지만, 사장이 자기 말을 받아쓰라고 지시하자 이 일을 하지 못했다.

10장 직업
선택과
수면
자세

ADLER
CLASSIC
1

앞에서 살펴본 것처럼, 초기 기억들은 종종 위험 관념과 관련이 있고 병과 죽음에서 받은 강한 인상과 연결된 경우가 흔하다. 병과 죽음에 대한 첫 경험이 아이를 열등감으로 억누를 수 있다는 것은 쉽게 이해 가능하다. 특히 그 경험이 위험 및 두려움과 연결되면 더욱 그러하다. 생명체는 죽기 마련이라는 사실을 의식하는 존재는 아마도 인간뿐일 것이다. 그리고 이런 인식만으로도 인간이 자연에 압도당하는 느낌을 받기에 충분하다. 아이가 어린 나이에 죽음과 관련된 불쾌한 경험을 하면 이 하나의 인상이 전체 라이프스타일의 형성에 큰 영향을 미칠 수 있다. 이런 경우 삶에서 죽음의 중요성이 항상 과대평가되며, 아이의 행동과 반응이 이 괴로운 생각에서 벗어나거나 이를 보상하는 방법을 찾는 쪽으로 맞춰지는 것을 흔히 볼 수 있다. 아이들은 죽음과의 투쟁에서 다양한 방법을 선택한다.

천적을 만나면 모래 속에 머리를 파묻고 숨었다고 착각하는 타조처럼 죽음이라는 문제를 떠올리게 하는 것은 뭐든 피하는 아이들도 있고, 다른 일을 걱정해 진짜 두려움을 의식하지 않으려는 아이들도 있다. 좀더 적극적인 성격의 아이들은 스스로를 지키고 무장해 죽음을 극복하려고 노력한다. 이 모든 방법에서는 소위 자기보호 본능이 보통의 경우보다 더 분명하게 나타난다.

죽음과의 투쟁에서 어느 정도 승리를 확신할 수 있는 방법에는 두 가지가 있다. 하나는 아이를 낳아 길러서 인류를 보존하는 것이다. 개인의 운명을 극복하려는 이런 방식의 투쟁에는 가장 강한 본능들이 결합될 수 있고 사회와 인류의 미래에 대한 관심이 높아질 수 있다. 죽음의 공포에 대한 이러한 상식적인 보상은 당연히 사랑에 관한 가장 건전한 개념을 포함하며 모든 도착 행위를 배제한다. 두 번째 방법은 좀더 개인적인 야심에 적합한데, 바로 미래의 삶에 영향을 미치는 생을 사는 것이다. 이것은 예술과 과학에서 길이 남을 업적을 이룬 많은 위인을 지배한 동기였고, 시인들의 삶에서 또렷하게 관찰되는 목적이다. 죽음을 극복하려는 이러한 정신적인 노력은 인류의 생식과 문화의 발달 모두에서 주도적인 역할을 했다.

죽음을 극복하려는 욕구가 많은 시인과 철학자가 이룬 업적의 중요한 동기가 되었다는 사실은 죽음의 힘에 대한 이들의 생각에서 알 수 있다. "나는 청동보다 영속하는 기념비를 건립했노라"라는 호라티우스의 말이나 "나는 뒤셀도르프 라인 강변의 황폐해진 바위 위에 서지 않으리"라는 하이네의 말에서 이를 볼 수 있으며, 톨스토이는 "나는 어떤 상황에서 어떻게 해야 할지 모를 때면, 만약 내가 내일 죽는다면 무엇을 할 것인가를 생각한다"라고 썼다.

어린 시절 품은 죽음에 대한 두려움은 효과가 클지 모르나 다소 유해무익한 노력을 불러일으킬 수 있다. 누나의 죽음에서 강한 인상을 받아 죽음에 관해 자주 이야기하는 열다섯 살 소년에 대해 앞서 잠깐 언급했는데, 나는 이 소년에게 무엇이 되고 싶은지 물어보면서 "의사"라는 대답을 예상했다. 그런데 소년은 이렇게 대답했다.

"무덤을 파는 사람이 될 거예요. 땅에 묻히는 사람은 되고 싶지 않으니까요."

마침내 소년은 자신의 방식대로 그 꿈을 이루었다. 경쟁자들을 "매장해버리는" 냉혹한 상인이 되었기 때문이다.

죽음과 관련하여 통렬한 경험을 한 아이들이 흔히 택하는 또 다른 삶의 방식이 있다. 일찍부터 의사가 되겠다는 소망을 품고, 생존하기 위해 갖가지 의학적 지식에 통달하는 것이다. 내가 한 의학 학회에서 열었던 토론회에서 거의 모든 참석자가 가족 중 누군가의 죽음이나 심각한 위험 혹은 병과 관련된 기억을 이야기했다. 나는 이 토론회 참석자들이 했던 경험 사이의 이러한 유사성을 다른 많은 의사의 초기 기억들과 연결시킬 수 있었는데, 한 정신분석 전문의가 내 해석에 반대했다. 그는 자신의 최초의 기억은 성격이 매우 다르다고 주장했다. 그의 최초의 기억은 네 살 때 아픈 어머니에게 "조금만 기다리세요. 내가 크면 엄마한테 가장 비싸고 가장 잘 듣는 약을 사줄게요"라고 말한 일이었다.

이 세 가지 보상에 모두 실패하면 죽음에 대한 공포는 영원의 불멸성을 믿는 종교적 구원을 찾는다. 이런 믿음은 환생 같은 복잡한 형태로 나타날 수도 있고 강신론spiritualism(심령론)처럼 좀더 직접적인 형태로 나타날 수도 있다. 강신론은 사람이 죽은 뒤에도 영혼은

직업 선택과
수면 자세

계속 움직이고 행동하고 말할 수 있다는 가정을 토대로 한다. 언젠가 죽어야 하는 존재라는 사실을 극복할 더 현실적인 희망이 없을 때 우리는 이 가정을 완전히 받아들여야 할 것이다.

의사뿐만 아니라 모든 근로자에게서도 정신적인 원형을 지배하는 관심사에서 직업 선택의 전조가 나타난다. 이런 관심이 구체적인 직업으로 실현되기까지는 대개 오랜 자기 훈련의 과정이 필요하다. 우리는 이 과정에서 동일한 개념이 다양한 구체적 가능성에 맞춰 계속적으로 조정되는 것을 볼 수 있다. 따라서 장난감 병정놀이에 대한 관심은 군인이 될 준비일 수도 있고 백화점 관리자로 성공할 전조일 수도 있다. 바늘과 실로 바느질 놀이를 한다고 해서 꼭 장래에 재단사가 되는 것은 아니다. 외과 의사를 향한 첫발을 내디딘 것일 수도 있다. 인형을 가지고 노는 것은 결혼과 가정생활로 이어질 관심사의 표시일 수도 있고 장래에 간호사나 교사가 될 징조일 수도 있다.

결혼과 직업 활동을 영위하려면 독립적으로 행동할 수 있어야 하며 분업을 기꺼이 받아들일 준비가 되어 있어야 한다. 어느 정도의 사회적 관심과 적응이 없다면 이런 특성들을 갖출 수 없다. 직업 선택을 해야 할 때 사회 적응력이 부족하다는 사실이 드러나는 경우가 흔하다. 나는 아이들이 되도록 학창 시절 초기에 "나는 나중에 무슨 일을 하고 싶은가? 왜 그 일을 하고 싶은가?"라는 문제에 관심을 갖게 해야 한다고 믿는다. 이런 질문들을 통해 이끌어 낸 생각들은 아이들의 신체적 결함이나 특징과 함께 직업 지도를 하는 데 가장 큰 도움이 된다. 가장 잘 훈련된 관심사가 무엇인지를 찾는 데서 그치지 않고 이 관심사의 근원을 정신적 원형으로부터 이해해야 한다. 무엇이든 아이의 재능이 발견된 분야는 그 아이가 환경 전체의 자극을 받아 어떤 관심사를 훈련시킨 결과라 할 수 있다. 이 점은 매우 명백해 보이기 때문에 누구든 올바른 방법으로 적절한 훈련을 하면 무슨 일이건 성취할 수 있다는 우리의 생각이 타당성을 얻는다.

아이의 관심은 아이가 생각하고 행동하는 방식, 그리고 저마다의 인식에 따라 미래의 직업에 맞춰 전문화된다. 하지만 전체적인 관심은 우월성의 목표를 이룰 수 있다고 느끼는가에 따라 높아지거나 줄어든다. 관심이 발달하는 동안 아이는 이룰 수 없는 다양한 형태의 목표를 구체화할 것이다. 성장 과정에서 아이는 그 목표를 여러 가지 방법으로 달성하고자 하면서 실패할 수 있지만 그 실패 탓에 실의에 빠지지 않고 극복할 수 있도록 도와야 한다. 따라서 우리의 역할은 아이의 의식이 아니라 정신을 돕는 것이다. 아이가 사회와 더 가까운 접촉을 유지할수록 우월성에 대한 생각이 상식적으로 발달할 것이다.

물론 우월성에 대한 아이의 생각이 직업에서 아버지를 능가하고 싶다는 욕구의 영향을 받는 경우는 매우 흔하다. 그래서 아버지가 공립학교 교사이면 아들은 대학교수가 되길 원할 수 있다. 대체로 직업 선택이 자주 바뀐 아이일수록 현실을 더 잘 이해하고 있다. 하지만 각 선택에서 우리는 항상 지배 충동, 중요한 사람이 되거나 안전해지려는 목표를 이루겠다는 결심, 적어도 어려움이나 패배를 피하겠다는 결정을 간파할 수 있다. 아이들은 때때로 미래에 자신이 할 일을 새로 그리지만, 항상 동일한 원형적 동기가 이 그림들에 영향을 미친다. 실제로 직업을 선택해야 하는 때가 오면 아이들은 오래전부터 다가오고 있던 현실에 직면한다. 그리고 그 현실적 상황은 아이의 노력에 불리할 수도 있고 유리할 수도 있다. 하지만 이제 직업 생활의 목표가 정해져야 하기 때문에 젊은이는 각자의 방식에 따라 일을 시작해 현실과 타협한다. 선택의 범위가 어느 정도이든, 그는 자신이 이해한 사실들에 맞춰 일을 해야 하는 이 필요성에 어떻게 대응할지 결정한다. 그가 내린 결론이 완벽하게 옳을 것이라고 기대해서는 안 된다. 자신의 역할에 대한 이상적이고 최종적인 형태의 생각은 부적절한 요인들에 의해 왜곡된다. 오늘날 문명에서 지나치게 중시되고 있는 돈이 이런 요인들 중 하나다. 이 최종적 형태의 생각은 또한 장수와 건강, 안전이나 사회적 야심에 대한 관심으로 모호해지거나 지배적이고 비판적인 성향에 의해서도 왜곡될 수 있다.

낙담한 아이들은 대개 의심이 많고 절망적인 태도를 보이며 이들이 하는 모든 노력에는 결정을 피하려는 시도가 드러난다. 다양한 직업을 일관성 없이 선택하고 어떤 직업도 특별히 좋아하지 않는 태도, 공허한 이상, 모험심 부족, 의무를 이행하지 않으려는 성향에서 이를 엿볼 수 있다.

아이가 발달 과정에서 선택하는 모든 직업은 비교할 가치가 있다. 전체적으로 이 직업들은 아이의 행동 방향, 그리고 공동체 감성과 용기가 어느 정도인지 보여주기 때문이다. 몹시 기상천외하고 현실과 동떨어진 선택이라고 무시해서는 안 된다. 이런 직업들은 아이가 현실의 요구에 대해 어떤 태도를 갖는지 은유적으로 드러내고 있기 때문이다. 예를 들어 한 소년에게 나중에 뭐가 되고 싶은지 물어보자 "말"이라고 대답했다. 이 소년은 항상 말의 움직임과 속도를 흉내 내려 애썼다. 어린 시절 소년은 심내막염을 앓아 오랫동안 꼼짝없이 누워서 지내야만 했다. 나중에 그는 자동차 기술자가 되는 좀더 현실적인 선택을 했다. 일곱 살 된 또 다른 소년도 말이 되고 싶다는 소망으로 자신의 야심을 상징적으로 나타냈다. 이유를 물어보자 소년은 "아버지가 아픈데, 내가 장남이라서 가족을 부양해야 해요"라고 대답했다.

이 두 경우에서 계통발생의 영향이나 성적인 동기에서 공상의 원인을 찾는 것은 터무니없는 일일 것이다. 첫 번째 소년은 병상에 갇혀 지내면서 특정한 열등감을 느꼈다. 두 번째 소년은 말에 대해 완전히 다르게 생각했다. 그는 아버지를 가장 잘 대체하고 능가할 방법을 생각하고 있었으며 말은 무거운 짐을 진 사람이라는 그의 미래를 상징했다. 나는 열 살 된 한 소년에게서도 이런 동물 환상을 발견했다. 이 소년은 물소가 되고 싶어했고, 학교에서 집으로 돌아올 때면 돌진하는 황소를 흉내 내는 자세를 취하곤 했다. 이 소년은 결국 불량배가 되었다. 그가 이상적으로 생각하는 역사적 인물은 아킬레우스였다.

몸자세나 태도는 개인이 목표에 접근하는 방식을 보여준다. 직접적인 접근 방식을 취하는 사람에게서는 용기 있는 태도를 볼 수 있는 반면, 불안해하고 주저하는 성인은 직접적인 행동을 방해하는 라이프스타일을 가지고 있으며 모든 행동에서 우회적인 접근 방식을 취한다. 악수하는 방식을 통해 그 사람에게 공동체 감성이 있는지, 타자와의 유대를 좋아하는지 파악할 수 있다. 완벽하게 정상적인 악수는 오히려 보기 드물다. 대개는 지나치게 손을 흔들거나 충분히 흔들지 않는다. 혹은 밀어내거나 잡아당기는 경향을 보이기도 한다. 전차를 타보면 몸을 옆으로 비스듬히 기댄 사람들이 눈에 띈다. 이들은 자기 몸이 떠받쳐지길 원하며 다른 사람들의 불편은 안중에 없다. 병을 옮길까봐 신경 쓰지 않은 채 다른 사람들 앞에서 기침을 하는 이들에게서도 이와 같은 사회적 감각의 결여를 엿볼 수 있다. 어떤 이들은 방에 들어오면 본능적으로 다른 모든 사람으로부터 가능한 한 멀리 떨어져 있으려는 듯이 자리를 잡기도 한다. 이는 삶에 대해 개인이 취하는 태도를 대화보다 더 직접적으로 보여준다.

잠잘 때의 자세 역시 일상생활에서의 자세와 움직임 못지않게 의미를 지닌다. 아주 어린 아이들은 팔을 위로 들고 똑바로 누워서 잔다. 이런 자세로 자고 있는 아이를 보면 건강하다고 추정할 수 있다. 아이가 이 자세를 바꾸면, 예를 들어 팔을 내리고 잔다면 병이 있는지 의심된다. 마찬가지로 성인 역시 특정 자세로 자는 데 익숙해져 있다가 갑자기 그 자세를 바꾸면 정신적인 태도에 뭔가 변화가 생겼다고 추정할 수 있다. 물론 신체적인 결함도 잠자는 자세에 영향을 미친다. 폐렴이나 흉막염을 앓는 사람들은 항상 환부 쪽으로 누워서 자는데, 때로는 자신이 그렇게 잔다는 사실을 인식도 하지 못한다. 그쪽으로 누워서 자면 숨 쉬기가 편하기 때문에 자신도 모르게 그렇게 하는 것이다. 심장병을 앓거나 이 병을 의심하는 사람들 중 일부는 왼쪽으로 누워서 잘 수 없다고 생각한다. 이런 믿음을 뒷받침할 만한 신체적인 근거는 없지만, 약한 쪽을 조심해야 한다고 느끼는 것이다.

등을 똑바로 대고 누워서 차렷 자세를 한 군인처럼 몸을 쭉 뻗고

자는 자세는 자기 몸이 가능한 한 커 보이길 원한다는 표시다. 고슴도치처럼 몸을 웅크리고 이불을 머리끝까지 끌어당긴 채 자는 사람은 노력하거나 용기 있는 성격이 아닐 것이며 아마도 겁이 많을 것이다. 이런 사람에게는 용기를 불어넣을 수 있는 방법을 발견하기 전까지는 어려운 과제를 주지 않도록 조심해야 한다. 엎드린 수면 자세는 완고함과 부정적인 성향을 드러낸다.

나는 여러 병원에 입원한 환자들의 잠자는 자세와 이들의 일상생활에 대한 보고서를 비교해본 결과, 생활 방식과 잠자고 깨어나는 방식 모두에 일관된 정신적 태도가 나타난다는 결론을 내렸다.

어떤 사람들은 자면서 서서히 빙그르르 돌아서 잠에서 깨보면 머리가 침대 발치에 가 있고 발은 베개 쪽에 가 있다. 세상에 대해 정신적으로 유달리 강한 저항적 태도를 나타내고 질문을 이해하기도 전에 "싫어"라고 말하는 신경증적인 유형의 사람들이 이렇다. 반 바퀴를 돌아서 머리를 매트 가장자리 너머로 늘어뜨리고 자는 환자들도 있다. 이런 수면 습관이 들면 두통이 생기고, 대개 이 두통은 다음 날 해야 하는 일을 피하는 데 이용된다.

나는 일부 아이가 동물처럼 무릎과 팔꿈치를 바닥에 대고 엎드려 잔다는 점을 발견하고 상당히 당황했다. 하지만 나는 이 자세가 옆방에서 무슨 일이 일어나고 있는지 듣는 데 가장 유리하다는 걸 알게 되었다. 다른 사람들과 접촉하려는 욕구가 보통 사람보다 큰 아이들, 심지어 잠을 자면서도 타인들과 연결되려는 아이들이 이런 자세를 취한다. 이들은 보통 문을 열어놓은 채 잠자리에 들고 싶어 한다.

이렇게 모든 자세에는 목적이 담겨 있다. 나는 장님이 된 한 남성을 치료한 적이 있다. 이 남성은 눈이 먼 뒤부터 항상 아내의 손을 잡고 자길 원했다. 그래서 아내는 남편이 자는 동안 침대를 떠날 수 없었다. 이는 폭군적 성향을 불쌍함으로 위장한 것이다. 아내가 이를 거부하자 그는 밤이면 환각에 빠져 강도가 그녀를 붙잡아 데려가는 상상을 했다. 이 환각 역시 아내를 계속 자기 손안에 두기 위한 동일한 행동 방침에 따라 나타난 것이다.

편히 자지 못하고 밤새 뒤척이는 사람은 만족하지 못한 채 뭔가를 더 하길 원한다는 것을 나타낸다. 다른 사람, 대개는 어머니가 자신을 지켜보길 원한다는 표시일 수도 있다. 아이들이 자면서 우는 것도 같은 이유에서다. 이들은 혼자 있는 걸 싫어하고 관심과 보호를 받고 싶어한다. 조용히 자는 사람들은 인생의 과제에 대해 가장 안정적인 태도를 지니고 있다. 낮에 알찬 생활을 해서 밤 시간을 휴식과 원기 회복이라는 목적에 맞게 쓸 수 있으며 대개 꿈을 꾸지 않고 푹 잔다.

11장 기관
방언과
꿈

매우 비판적인 강박신경증 주부
아버지에 대한 소녀의 복수
결혼을 피하는 안전장치로 이용되는 우울증
깨어 있을 때와 꿈에서 아내에게 느끼는 반감

환자가 치료를 받으면 자신의 우월성의 목표가 위태로워질 거라고 느끼는 경우 대개 치료를 시작하기 힘들다. 불안신경증을 앓는 25세의 한 기혼 여성이 이런 사례였다. 첫 상담에서 나는 그녀에게 내 옆의 의자에 앉으라고 권했지만 그녀는 굳이 방 반대쪽으로 가서 앉았다.

그녀는 남편이 집에 늦게 귀가할 때마다 격렬한 불안에 시달렸다. 그녀는 결혼 전 가족들과 함께 살 때 자신이 작아지는 느낌을 받았고, 남편은 처음으로 그녀의 응석을 받아준 사람이었다. 하지만 최근에 남편은 일 때문에 아내에게 전념할 수 없었다. 그녀는 이제 다른 사람들은 모두 배척하고 남편만 만나려 했으며 불안신경증에 걸려 남편의 일을 방해하고 있었다. 누구 한 사람인들 그녀에게 어떤 것도 요구할 수 없었고 남편은 그녀의 말에 복종해야 했다.

하지만 그녀는 이런 성과를 얻는 대가로 극심한 불안에 시달리다가 남편의 설득으로 나를 찾아왔다.

당연히 매우 어려운 상황이었다. 이 환자는 내게 오기 전부터 내가 그녀에게 위험한 존재라고 느꼈으며 의자와 관련된 행동으로 자신의 태도를 상징적으로 드러냈다. 내가 그녀의 신경증을 치료하면 그녀는 남편과 맞설 때 무기가 없어지는 셈이었다.

매우 비판적인 강박신경증 주부

경쟁이 심한 가정의 막내로 자란 한 기혼 여성도 이러한 경우다. 그녀는 가족 중에서 뒤떨어지는 구성원으로 늘 비난과 놀림을 받았다. 어릴 때는 다른 사람들이 옳지 않다는 걸 증명하는 것 말고는 이런 불운한 처지를 보상할 다른 방법을 찾지 못했다. 이런 습관으로 그녀에게는 "판사"라는 별명이 붙었다.

그녀가 결혼한 것은 먼저 결혼한 다른 자매들에게 앙갚음을 하기 위해서였다. 그녀는 남편을 사랑하지 않았지만, 자신이 행복한 결혼생활을 할 수 있다는 걸 증명하지 못하면 무시를 당할까봐 걱정했다. 결혼 후 세 아이를 낳고도 다른 사람들과 대등하다고 느끼지 못했으며, 그리하여 거칠고 오만하며 비판적인 태도로 사회에 맞서 자신을 보호했다. 이런 행동은 대개 낙담에 빠지지 않기 위한 신경증적인 안전장치일 뿐이다. 이를 유전적 정신병의 결과로 보는 것은 완전한 오판이다.

이 환자는 살림 솜씨로는 언니들과 대등해질 수 없다고 확신했는데, 남편이 신혼 초에 그녀에게 언니만큼 정리정돈을 잘할 수 있을지 묻는 실수를 저질렀다. 이 말이 그녀의 민감한 부분을 건드렸고 그때부터 그녀는 집안일을 피하거나 정상참작이 되는 상황을 만들어놓고는 살림을 게을리했다. 그 뒤 세탁에 온 신경을 쓰는 형태의 강박신경증이 나타났다. 세탁이 골칫거리이자 시간 낭비가 될 정도였다. 여기에 신경 쓰느라 다른 일을 할 겨를이 없었기 때문에 그녀는 결혼생활이 행복하게 흘러가지 않아도 핑계를 댈 수 있었다.

이 환자에게는 자신을 보호하는 또 다른 방법이 있었다. 신경증 환자들이 흔히 쓰는 수단으로, 바로 다른 사람을 예수와 비슷한지 아닌지로 판단하는 방법이었다. 그녀는 타인의 결점을 잘 찾아냈기 때문에 누군가를 존경받을 만한 사람이라고 받들다가 그가 예수 같은 성격이 아니라는 것을 증명해 밀어내버렸다. 그녀는 치료를 위해 찾아간 많은 의사에게 이 방법을 써서 의사들의 노력을 좌절시켰다. 그녀의 라이프스타일은 자신이 이해받으면 막내라는 열등한 지위로 "되돌아갈 것"이라는 감정에 기반하고 있을 것이다. 의사들이 잘못되었다는 것을 증명해야 했던 그녀는 의사가 의견을 내지 못하게 미리 막으려고 늘 애를 썼고, 끊임없이 걱정하고 비난했다. 그래서 의사들은 무슨 말을 할 수가 없었고 상담 시간은 효과 없이 흘러가버렸다.

다양한 사례에서 살펴본 것처럼 신체 기관(장기臟器)의 기능들은 라이프스타일의 지배를 받는다. 폐, 심장, 위, 배설기, 생식기의 경우 이런 영향이 현저하게 나타난다. 이 같은 기관의 기능 장애는 개인이 목표를 이루기 위해 취하고 있는 방향을 나타낸다. 나는 이런 장애들을 기관 방언organ dialect 혹은 기관 용어organ jargon라고 부른다. 신체 기관들이 개인의 전체적인 의도를 나름의 가장 의미심장한 언어로 드러내고 있기 때문이다.

성기관의 방언은 특히 의미심장하고, 환자가 의사를 찾는 계기가 되는 경우가 흔하다. 사례마다 특징이 있지만 거의 모든 환자에게서 성기능 장애, 기능 장애, 인생의 세 가지 과제에 직면했을 때 주저하거나 달아나는 태도가 나타난다. 무엇이건 환자가 스스로 얻는 부분적인 성적 만족은 실제 문제로부터의 도피의 성격을 띠며, 정상적인 표출을 위해 남겨져 있는 기능도 배제된다. 이처럼 다양한 형태의 발기부전은 타자와 관계 맺기를 싫어하고 관계 형성을 위한 훈련이 부족한 데서 공통된 근본 원인을 찾을 수 있다. 성적인 증상을 일단 고려 대상에서 제외하고 환자의 사회적 접촉의 성격을 연구해보면 이 점이 항상 입증된다. 이런 특정한 기능 장애와 관련하여 내가 아는 대부분의 사례에서 환자들은 결혼이라는 문제에 직면해 있다. 조루는 개인마다 그 의미가 매우 다르지만, 나는 조루가 이기적 성격과 무력감의 표시이며 항상 매우 낮은 사회적 적응력이 동반된다는 것을 발견했다. 사정 실패는 아이를 낳길 두려워하는 이기적인 남성들에게서 일어나며, 일반적으로 그 두려움은 경쟁자가 나타날 가능성 때문에 생긴다.

개인심리학을 조금이라도 이해하는 사람이라면 내가 여기서 한 말들로 환자를 질책하는 식으로 이런 증상들을 치료하려 하지는 않을 것이다. 환자가 이야기를 듣고 이해하고 싶은 마음이 들도록 해야만 우리는 환자가 자신이 이해한 대로 살아가도록 영향을 줄 수 있다.

여성들에게서도 동일한 기관 방언이 질경으로 나타난다. 이 기능 장애는 남성에 대한 회피를 나타내며 특정 남성이나 남성 전체에 대한 혐오감의 표시로 다른 정신적인 증상들이 동반된다. 적극적인 회피 외에도 소극적 형태의 성적 거부, 불감증, 수동적인 모습이 나타난다. 여기에는 마치 성관계가 남성 혼자의 일이고 자신은 존재하지 않는 것처럼 여기는 여성의 생각이 반영되어 있다. 모든 불감증의 사례에서 나는 여성이 스스로에 대해 굴욕적이고 축소되는 역할을 맡고 있다고 느낀다는 것을 발견했다. 이런 느낌을 성생활과 별도로 정확하게 확인하는 것이 중요하다.

아버지에 대한 소녀의 복수

지나치게 응석받이로 자란 야심 강한 여성들은 성관계에 있어 쉽게 자신감을 잃어버릴 수 있다. 내가 치료했던 매우 아름다운 한 여성이 이런 경우다. 막내로 자란 그녀는 모든 사람이 응석을 받아주었고, 특히 아버지는 재혼할 때까지 딸을 애지중지했다. 아버지의 재혼은 그녀의 자신감을 무너뜨렸다. 계모가 전처 자식들의 반감을 불러일으키지 않고 가정 내에 자리를 잘 잡기란 힘들다. 다른 의사들도 같은 경험을 했는지 모르겠지만, 나는 이런 경우 가장 말썽을 일으키는 쪽이 딸들이며 이들은 기회가 주어지면 마치 복수라도 하듯이 자유로운 성관계를 시작한다는 것을 발견하곤 했다. 딸들이 상황의 전반적인 문제점을 충분히 알아챌 만큼 똑똑하고 예민할 경우, 아버지와 새어머니 모두의 사랑이 부족하다는 것을 인식하고는 흔히 냉담해지고 결혼을 피한다. 내 환자가 바로 그랬다. 모든 정황으로 보면 그녀는 성관계를 싫어할 것으로 생각된다. 그런 그녀가 왜 계속 성관계를 맺는지 궁금하지 않을 수 없다. 그녀에게는 아버지로부터 버림받은 기억과 애인이 예전의 아버지만큼 응석을 받아주지 않은 경험이 있었을 뿐만 아니라 원하지 않은 임신으로 인공유산이라는 괴로운 경험도 했고 사랑에서 육체적 만족을 느끼지 못했다. 이 모든 장애물들을 상쇄시키는 요인은 아버지에게 복수하겠다는 내밀한 본심밖에 없었다.

사람은 결혼을 배제하고 사회관계나 일에 적응하지 못하는 이런 불만족스러운 라이프스타일에 편히 정착하지 못한다. 그리하여 긴장상태가 계속 이어지고, 현실의 문제에 부딪힐 때마다 긴장이 극심해진다. 긴장은 종종 두통이나 피로로 나타나기도 한다.

내 환자는 이런 꿈을 꾸었다.

"예수님이 제게 나타나서 함께 천국으로 가자고 하셨어요. 천국에서 제가 할 일은 다른 모든 사람을 즐겁게 해주는 것이었어요. 거절하면 저는 지옥으로 가야 했지요. 그러다가 저는 천국에 가게 되었어요. 천국에서 아나톨 프랑스의 풍자소설에 나오는 펭귄처럼 생긴 천사들을 많이 봤어요. 하느님도 봤는데, 턱수염을 깨끗이 깎은 모습이었고 약국 진열창에 붙은 광고에 나오는 남자처럼 움직였어요. 저는 크게 실망해서 천국에서 떠나고 싶었어요."

이 꿈은 환자의 전반적인 발달 궤적과 연결시켜 바라보지 않으면 해석하기 어렵다. 이 환자가 항상 자신에게 어떤 감정적인 생각을 불어넣으려 애쓰고 있는지를 그녀의 내력과 행동 방침에서 판단하지 못하면 이 꿈을 전혀 이해하지 못할 것이다. 그 생각이란 바로 딸에게 도덕성을 원하는 아버지에 대한 복수로 도덕성을 거부하고 악덕을 선택하겠다는 것이다. 이 꿈과 환자가 하고 있는 다른 모든 일의 이러한 근본적인 일치점을 파악해야만 다음과 같은 해석을 내릴 수 있다.

"다른 사람을 즐겁게 해주는 것"은 여성의 역할이 굴욕적이라는 생각과 상응한다. 그녀는 여성의 역할을 남성의 오락거리로만 생각했다. 예수는 자신에게 청혼했던 진지하고 이기적이지 않은 남성을 상징한다. 그는 그녀에게 "나를 희생해서 당신을 행복하게 해주고 싶어요"라고 말했었다. 따라서 천국은 그가 결혼생활에서 약속한 더없는 행복을 나타낸다. 하지만 우리가 살펴본 것처럼 그녀는 결혼의 단점들을 두려워했기 때문에 결혼생활이 매력적으로 보일 리가 없었다. 손이 닿지 않는 높은 곳에 열린 포도가 시다고 생각하는 것과 같은 원리다. 그래서 작은 마을에 사는 이 남성은 그녀의 꿈속에서 빈의 풍자작가인 네스트로이의 명상적인 분위기처럼 등장한다. 네스트로이는 이렇게 썼다.

"남자란 무엇인가? 일어나서 수염을 깎고 다시 잠드는 게 남자다!"

결혼을 피하는 안전장치로 이용되는 우울증

11남매의 막내이자 응석받이로 자라 야심이 강한 한 여성은 다른 방식으로 결혼을 신포도로 만들었다. 그녀는 몇몇 남성과 성관계를 맺었는데 상대가 늘 유부남이었다. 나는 유부남과 사귀는 여성을 보면 의심을 품게 된다. 유부남과의 연애는 분명 훨씬 더 어려우며, 이런 비현실적인 선택을 단지 억누를 수 없는 사랑의 힘으로 설명해서는 안 된다. 이 여성의 경우 응석받이로 자라면서 겁쟁이가 되었고 두 언니가 행복한 결혼생활을 하면서 자신이 그들을 능가하지 못할까봐 염려해, 특히 결혼 문제를 불안해한다는 것을 쉽게 알 수 있었다. 그녀는 항상 이 점을 인식하고 있었지만 연이어 불륜을 저지르면서도 자신이 무슨 짓을 하고 있는지는 잘 알지 못했다. 이 환자는 유부남인 애인이 이혼하고 그녀와 결혼하려 하면 헤어졌다. 물론 우울해하고 눈물을 훌짝거리기도 했지만, 대개 애인의 아내가 자신의 친구라는 것을 내세워 확고하게 굴었다. 우울한 기분은 또 다른 사랑을 시작하면 곧 사라졌다. 하지만 마침내 이런 관계를 끊자 그녀는 몇 달 동안 우울증에 시달렸다.

그녀가 나를 찾아온 건 이 무렵이었다. 당시 그녀는 서른여섯 살이었고 자신의 응석을 잘 받아주는 혼자된 오빠와 함께 살고 있었다. 그런데 함께 살게 된 지 몇 달 지나지 않아 오빠가 재혼 의사를 밝히며 그녀에게도 결혼을 권했다. 이런 탐탁지 않은 상황에 부딪히고 불륜관계도 끊은 그녀에게 병은 "돌 하나로 새 두 마리를 잡으려는" 장치였다. 그녀의 병은 오빠에게는 자신을 돌보라는 경고이고 자신에게는 더 위험한 새로운 결과를 맞을 수 있으니 다른 남자와는 사귀지 말라고 일러주는 역할을 했다.

잠은 또 다른 종류의 깨어 있는 상태다. 물론 깨어 있는 상태가 잠든 상태의 변형이라고 말해도 마찬가지로 타당하다. 잠든 상태와 깨어 있는 상태를 심리학적으로든 생물학적으로든 올바로 이해하려면 이 두 상태가 반대라는 생각을 버려야 한다. 생물학적으로 생각하면, 잠은 유기체가 환경과의 접촉을 부분적으로 중단하고 기능의 활동을 줄이는 것에 불과하다. 잠을 자면서 우리의 관심은 느낌, 청각, 생각을 통해 현실과의 접촉을 어느 정도 유지하지만 이들 사이의 연결은 상당 부분 차단한다. 자면서도 침대에서의 움직임의 한계를 관찰하기 때문에 떨어지지 않는다. 어떤 소리들은 잠에서 깰 만큼 중요하다고 선별하지만 다른 소리들은 무시한다. 심지어 정해진 시간에 잠에서 깰 수도 있다. 잠이 차단하지 않는 이 모든 활동은 깨어 있는 상태에서도 수행되는데, 대개 잠잘 때보다 더 의식적으로 이루어지는 것은 아니다.

최면 상태 역시 깨어 있는 상태의 한 변형이지만 차단하는 활동의 종류가 다르다는 점에서 잠과 차이가 있다. 최면에 걸린 사람은 최면술사의 지시만 받아들이겠다고 먼저 동의한 뒤(그 사람이 이를 인정하든 안 하든) 무엇이든 최면술사가 차단하길 바라는 것을 차단한다. 따라서 최면 상태는 주문에 따른 잠이라고 부를 수도 있다. 최면 상태가 아니라도 주문에 따라 잠을 자는 경우가 드물지 않는데, 특히 아이들에게서 종종 볼 수 있다. 이렇게 최면 상태는 강한 복종의 증거라 할 수 있다. 최면은 종종 의학적 치료나 정신 치료의 정당한 방법으로 여겨지지만, 개인심리학에서는 이 방법을 피한다. 성공적인 치료의 본질은 용기와 자제력을 증대시키는 것임을 알기 때문이다. 환자는 다른 사람에게 통제권을 양도하는 게 아니라 스스로 용기와 자제력을 발휘해 이 자질들을 갖추었음을 증명해야 한다. 최면술을 이용한 치료 뒤에 빈번하게 나타나는 실패는 최면 상태에서 뜻하지 않게 암시 공격을 받은 데 대한 환자의 복수에서 비롯된다.

최면이 특정 증상들을 없애거나 완화할 수 있다는 사실이 놀라울 것은 없지만 그 효과는 영구적이지 않다. 나는 많은 암시적 방법도 마찬가지라고 이미 지적한 바 있다. 환자는 이런 방법들을 마법적 혹은 반종교적인 관점에서 보는데, 이 방법들만으로는 삶에 대해 더 잘 적응하도록 가르치지 못한다. 따라서 일시적인 증상 완화에 그치며, 뇌졸중, 매독 후유증, 다발성경화증 같은 특정 기질성 질환에 동반되는 신경증 증상들을 누그러뜨리는 데 가장 효과적으로 보인다. 루트비히 슈타인이 보여준 것처럼, 거의 모든 기질성 질환은 필요 이상의 증상들을 만들어낸다. 이러한 신경성 합병증들은 개인심리학의 방법을 사용하면 가장 효과적으로 치료된다. 개인심리학에서 사용하는 방법들이 폐렴이나 심장병을 치유하지는 못하지만 환자에게 용기를 주어 병세를 크게 완화시킬 수 있다.

개인심리학 특유의 꿈 해석 기법은 깨어 있을 때의 삶과 잠잘 때의 삶의 통일성에 대한 이러한 인식을 바탕으로 구축되었다. 이 기법은 꿈은 그 꿈을 꾸는 사람이 깨어 있을 때는 결코 인식하지 못하는 중요한 문제들의 징후를 담고 있다는 리히텐베르크와 프로이트의 귀중한 발견에서 발전한 것이며, 우리의 연구는 이 발견들의 타당성을 확인해준다. 하지만 꿈은 단순히 깨어 있을 때 충족되지 못한 소망(특히 프로이트가 주장한 "소아성욕")의 대리만족이 아니라 라이프스타일 전체가 작용하는 것이며 과거보다 미래와 더 동적으로 연결되어 있다. 꿈이 과거의 일이 아니라 예언으로 여겨졌던 고대에는 사람들이 이 사실을 직관적으로 알고 있었다. 꿈을 꾸는 사람은 앞으로 일어날 사건들에 대한 태도와 기질을 형성하며, 낮에 현실과 접촉하고 논리적 사고를 하는 동안에는 얻을 수 없는 기분과 감정을 예비적으로 비축한다. 이렇게 해서 그는 예상되는 문제들에서 자신의 우월성의 목표를 추구하도록 지지하고 상식의 요구에 맞서 자신만의 방식으로 문제들을 해결할 어떤 비이성적인 힘을 축적한다.

따라서 우리가 깨어 있을 때의 라이프스타일을 일관성 있게 파악한 경우, 깨어 있을 때 분명하게 나타나지 않은 경향과 움직임이 꿈에서 발견되지는 않는다. "의식"과 "무의식"이 개인의 존재를 이루는 상반되는 반쪽들이라도 되는 양 서로 반대편에 놓을 수는 없다. 의식적인 삶은 우리가 이를 이해하지 못하면 곧바로 무의식적인 삶이 된다. 또한 무의식적인 성향은 우리가 이를 이해하자마자 의식적인 것이 된다.

꿈은 문제를 비유적으로 표현하여 해결의 길을 열려고 노력한다. 이런 노력 자체가 꿈을 꾼 사람이 상식으로는 문제를 해결하기 불충분하다고 느낀다는 표시다. 개인이 스스로가 처한 상황을 비유적으로 생각하는 것은 거기에서 달아나는 한 방법이다. 비유적인 생각은 거의 어떤 유형의 실제 행동도 뒷받침할 수 있기 때문이다. 성공의 감정과 기분을 불러일으키는 꿈이 가장 좋은 예다. 이런 꿈들은 공동체 생활의 논리를 완전히 거부하는 일종의 도취 상태를 만들어낸다. 꿈을 꾼 사람은 당연히 자신이 만들어낸 비유를 인식하지 못한다. 그가 비유를 이해하면 목적을 달성하는 데 도움이 되지 않을 것이다. 이 비유는 본질적으로 개인의 목표를 위한 자기기만이기 때문이다. 따라서 우리는 개인의 목표가 현실과 더 일치할수록 꿈을 덜 꾼다고 예상한다. 또한 용기가 있는 사람은 꿈을 잘 꾸지 않는다는 것을 발견했다. 이들은 낮에 상황을 충분히 처리하기 때문이다.

물론 문제가 되는 경우들도 있다. 꿈을 꾸지 않는 것이 알고 보면 그저 꿈의 내용이 없는 것일 수도 있다. 내용을 다 잊어버려서 감정만 남는 경우다. 이 경우는 꿈을 이용한 자기기만 과정에서 한 발짝 더 나아간 것이며, 자신이 꾼 꿈을 이해하지 못하도록 하는 게 그 목적이다. 또는 꿈을 꾸지 않는 것이 환자가 신경증에 걸린 상태가 굳어져서 변화를 원하지 않는다는 표시일 수도 있다. 짧은 꿈들은 환자가 현재의 문제들과 개인의 라이프스타일 사이의 "지름길"을 찾고 싶어하는 것을 나타낸다. 길거나 매우 복잡한 꿈들은 삶에서 과도한 안전을 추구하는 환자들이 꾸는데, 일반적으로 자기기만이 제대로 효과를 발휘하지 못할까봐 자기기만조차 미루고 싶은 마음과 망설임을 나타낸다. 라이프스타일은 자주 반복되는 꿈이나 수년간 기억 속에 남아 있는 꿈에서 가장 잘 나타난다.

우리가 꿈에서 사용하는 자기기만의 방식들은 비교, 은유, 상징의 남용뿐만 아니라 당면 문제를 일부분만 보일 때까지 좁히거나 축소하는 데서도 엿볼 수 있다. 부분을 전체와 같은 기준으로 판단할 수는 없다. 예를 들어 시급하게 결정을 내려야 하는 중요한 문제가 꿈에서 사소한 학교 시험의 형태로 나타날 수 있다.

────── 깨어 있을 때와 꿈에서 아내에게 느끼는 반감

꿈이 중요한 역할을 한 사례로 8년 전에 결혼해 아이 둘을 두었지만 아내에게 실망한 한 남성을 들 수 있다. 그는 아내가 아이들을 충분히 돌보지 않는다며 심하게 불평했다. 결혼생활에서 육아의 의무를 강조하는 것은 더 깊은 곳에 자리 잡은 배우자와의 불화를 나타낸다. 아내가 아이들을 방치한다는 이 남성의 말이 맞건 틀리건 그는 더 심한 비난을 표현하기 위해 육아에 대한 비판을 이용하고 아내와 대적할 거점으로 삼았다. 그의 행동을 세부적으로 살펴보면 이런 점이 분명하게 나타난다. 그는 육아 외의 일들, 예를 들어 아내의 살림 솜씨에 대해서도 우려했다.

이러한 반감이 싹튼 근본적인 원인은 아내가 자신을 사랑해서 결혼한 게 아니라고 믿었기 때문이다. 그리고 아내의 냉담한 태도로 이런 믿음은 더욱 굳어졌다. 나는 냉담함이 장기간 지속될 때 남편의 감정이 가장 많이 상한다는 것을 알게 되었고, 부부는 서로에게 다소 화가 난 상태였다. 그는 아내를 비난하는 부끄러운 진짜 이유 대신 아내의 잘못을 증명할 강력한 증거를 확보하기 위해 아이들을 이처럼 과장되게 걱정했으며, 이후 두통과 일하기 싫어하는 증세를 보여 나를 찾아왔다. 어린 시절 어머니로부터 방치되었다는 기분을 느끼며 자란 그는 이혼을 하거나 다른 여자를 찾을 만큼의 용기는 없었다.

이 남성은 질투심이 강해졌고 여성에 대한 믿음을 모두 잃었다. 어느 날 밤 그는 꿈을 꾸었다.

"도시의 거리에서 전투가 벌어졌고 저는 그 속에 있었어요. 총알이 날아다니고 불길이 치솟는 가운데 많은 여성이 폭파당한 것처럼 공중으로 날아갔죠."

그는 꿈을 꾼 뒤 이 장면이 떠올라 동정심 때문에 고통을 받다가 내 치료를 받고 꿈을 이해할 수 있었다. 이 꿈은 결혼 문제에 대한 그의 태도와 일치했다. 꿈속에서 그는 여성들이 몰살되는 장면을 그려 자신의 분노를 만족시켰는데, 공동체 감성과 동정심이 아예 없는 사람이 아니었기 때문에 이런 만족감을 거부해야 했다. 우리는 그가 이렇듯 나중에 동정을 느낌으로써 아내에 대한 일상적인 태도, 즉 아내에게 화가 난 게 아니라 단지 아이들을 염려한다는 태도를 유지한다는 것을 알 수 있다. 이 꿈은 다음과 같이 분석할 수 있다. 그는 전쟁에 관한 기억들 중에서 끔찍한 장면들을 선택한 뒤(우리는 이것을 '적당한 사고의 선택'이라고 부른다) 남성과 여성의 관계를 그 전투에 비유했다. 이런 식으로 성에 관한 문제 전체를 작은 일부분(전투)으로 축소하고 더 중요한 요소들은 배제한 것이다. 이 환자는 두려움에서 벗어났고, 자기기만과 자기도취에 대한 설명을 듣고 이해하자 더 차분해지면서 두통이 멈추었다. 하지만 그는 아내와 화해하려 하지는 않았다. 그즈음 그는 다른 꿈을 꾸었다.

"세 아이 중 막내를 잃어버려 찾지 못했어요."

우리가 알기로 그에게는 아이가 둘밖에 없었다. 하지만 그는 꿈에서도, 잠에서 깬 뒤에도 몹시 겁에 질렸다.

아내에 대한 이 환자의 비난은 아이들을 방치하는 데 대한 질책 쪽으로 항상 맞춰져왔다. 따라서 세 번째 아이를 잃어버렸다는 상상은 아이를 더 낳아 위험을 늘리지 말라는 경고의 의미다. 그는 이런 우회적인 방법으로 아내와의 관계 재개를 피할 수 있었다. 여기서도 우리는 그가 '적당한 사고를 선택'함으로써 아이들을 교육시키고 보호하는 문제 전체를 한 가지 세부적인 일로 축소시켜 비교한다는 것을 알 수 있다. 하지만 예리한 심리학자라면 셋째 아이라는 허구를 선택한 점에서 화해를 향한 움직임이 시작되었음을 감지할 수 있다. 그가 또 다른 아이를 낳을 가능성을 어렴풋이 알아차리면서도 "아내는 아이 둘은 돌볼 수 있을지 모르지만 분명 세 명은 안 될 거야"라고 말하며 물러나는 것처럼 보이기 때문이다.

꿈에서의 자기기만은 종종 깨어 있는 상태에서 그 원인을 찾을 수 있는데, 나는 이 사실에 대해 매우 흥미로운 증거를 찾은 적이 있다. 한번은 내가 막 빈을 떠나려던 참이었는데 옛 환자가 전화를 걸어 아내가 아프니 와달라고 청했다. 두 명의 의사가 진찰을 했지만 발열 원인을 밝히지 못했다는 것이다. 몹시 바빴던 나는 기질성 질환의 전문가가 아니라며 핑계를 댔지만 결국 그의 고집에 두 손을 들었다. 나는 환자가 발진티푸스를 앓는다는 것을 발견하고 이 병을 잘 보는 전문의를 추천해주었다. 하지만 그는 어떤 의사도 나보다 많은 걸 말해주지 못한다면서 내 제안에 반대했다. 나는 빈에 돌아오자마자 친구로서 그를 방문하겠다는 약속을 하고 어렵사리 그 자리를 빠져나올 수 있었다. 그는 계속해서 "하지만 그 의사는 선생님만큼 많은 걸 말해주지 못해요"라는 말을 되풀이했다. 그러다 마침내 나는 전문의에게 전화를 걸도록 그를 설득한 뒤 빈을 떠났다. 몇 주 뒤 돌아와 찾아가보니 그의 아내는 회복 중이었고 그는 내가 추천해준 의사에 매우 만족스러워했다. 그런데 그가 확신에 찬 어조로 이렇게 말을 했다.

"지난번에 오셨을 때 틀림없이 선생님께서 W 박사가 그날 아침에 돌아가셨다고 말씀하셨어요."

나는 그런 말을 한 적이 없어서 부인했다. 나는 빈을 떠난 다음 날 휴가 중에 신문에서 그 소식을 읽었을 뿐이었다. 하지만 그는 내 말을 믿지 못하고 내가 W 박사가 죽었다는 이야기를 했다고 완강하게 우겼다. 내가 왜 그렇게 생각하는지 묻자 그가 대답했다.

"음, 선생님이 그 말을 하신 게 틀림없으니까요. 다음 날 아내를 보러 온 그 전문의 선생님은 그 자리에 있던 사람들과 인사를 나누자마자 의사들을 보며 '내 친구 W 박사가 죽은 걸 알고 있나요?'라고 물었어요. 제가 끼어들어서 '네, 아들러 박사님이 어제 알려주셨답니다'라고 말했죠. 전문의 선생님은 놀란 기색을 보이더니 '나는 아들러 박사를 잘 알지만, 그분에게 예언 능력이 있는 건 몰랐네요'라고 말씀하셨어요. 뭔가 착오가 있었던 게 분명해서 선생님이 설명해주실 수 있을지 궁금했어요."

설명하기는 그리 어렵지 않았다. 이 남성은 나에 대해 거의 무한한 신뢰를 품고 있었고, 내가 빈을 떠나기 전에 만났을 때도 "선생님이 말하지 않은 걸 전문의가 말할 리가 없어요"라는 말을 되풀이했다. 그는 이 생각에 완전히 빠져서 새 의사가 무슨 말을 하건 내가 이미 말한 내용일 것이라고 굳게 믿으며 그를 맞았다. 그래서 그 의사가 처음 말한 정보를 듣고는 완전한 자기기만에 빠져 분명히 내가 했던 말이라고 생각한 것이다.

1_ Sinnott, E. W. *Cell and psyche: the biology of purpose.* Chapel Hill, N. C.: University of North Carolina Press, 1950. New York: Harper Torchbooks, 1961.

2_ Maslow, A. H. "Deficiency motivation and growth motivation" (1955). *In Toward a psychology of being.* Princeton, N. J.: Van Nostrand, 1962, pp. 19–41.

3_ Adler, A. *The Individual Psychology of Alfred Adler.* New York: Basic Books, 1956, pp. 23, 48.

4_ White, R. W. "Adler and the future of ego psychology" (1957). In K. A. Adler & Danica Deutsch (Eds.) *Essays in Individual Psychology.* New York: Grove Press, 1959, pp. 437–454.

5_ Adler, A. "The progress of mankind" (1937). In K. A. Adler & Danica

Deutsch (Eds.) *Essays in Individual Psychology*. New York: Grove Press, 1959, pp. 3−8.

6_ 개인 서신, January 13, 1963

7_ Mairet, P. *ABC of Adler's psychology*. London: Kegan Paul, 1928.

8_ 아들러는 1926에서 1927년 사이의 겨울에 첫 정규 미국 투어 강연을 했다.

9_ 개인 서신, January 13, 1963

10_ "The Drive for Superiority." in H. Greenwald (Ed.) *Great cases in psychoanalysis*, New York: Ballantine Books, 1959, pp. 175−186.

11_ "Position in family constellation influences life−style," Int. J. Indiv. Psychol., 1937, 3, pp. 211− 227.

12_ "Significance of early recollections," Int. J. Indiv. Psychol., 1937, 3, pp. 283−287, E. L. Hartley, H. G. Birch, and Ruth E. Hartley (Eds.) *Outside readings in psychology*, New York: Crowell, 1950, pp. 361−365.

13_ Allice Friedmann 박사는 "Fragebogen für Untersuchung auf Linkshandigkeit"("왼손잡이 연구를 위한 질문지") (Int.Z.Indiv. Psychol., 1927, 5, 193−196)에서 이 점과 그 외의 사실들을 수집하고 논의했다.

14_ "Dostoevsky" Alfred Adler, *The Practice and Theory of Individual Psychology* (1925). Paterson, N. J.: Littlefield, Adams, 1959, pp. 280− 290.

15_ 자율신경계의 어느 부분 및 관련 분비선이 흥분상태가 되는지에 따라 신경증의 두 유형(미주신경 긴장형과 교감신경 긴장형)을 설명하려는 시도가 이루어져왔다. 교감신경 긴장증은 신진대사 증가와 관련되어 있다.

올바르게 산다는 게 무엇일까? 건강한 삶이란 바로 이런 것이다, 라는 정답이 있을까? 사람은 누구나 혼자서는 살 수 없으므로 인간의 삶은 사회적 성격을 띨 수밖에 없다. 가족, 친구, 배우자, 직장 동료 등 특히 오늘날과 같은 다변화 사회에서 개인이 삶에 적응하는 행동 하나하나가 사회에 영향을 미치게 된다. 아들러는 넓은 의미에서 건강한 삶의 기준을 인류 전체에 이익이 되는 사회적 유용성에 두었다. 즉 개인심리학은 개인을 인간 사회라는 좀더 큰 맥락에서 검토하고 사람과 사람 사이의 상호 작용을 연구하는 학문이다.

이 책은 다양한 신경증 사례를 통해 아들러 개인심리학의 중심 이론과 기초를 설명하며, 인류가 지향하는 사회적 관심의 발달과도 기본 맥락을 같이한다. 신경증 환자들은 대부분 어릴 적부터 열등 감에 시달리거나 응석받이로 자랐거나 가족들 안에서 소외된 존재였다. 이런 상황이 사회와의 접촉을 꺼리고 자기 관심사에만 몰입하게 함으로써 스스로를 고립시켜 세상에 기여하지 않는 라이프스타일을 갖게 되는 것이다.

사람에 따라 정도의 차이는 있지만 누구나 열등감을 느끼며 그에 대한 보상으로 우월성을 목표 삼아 노력한다. 다시 말해 완벽을 추구하려는 목표 앞에서 누구나 불안하고 열등감을 느낀다. 가족 내에서의 위치, 부모의 편애, 성적 역할에 대한 오해에서 비롯된 열등감은 잘못된 라이프스타일로 우리를 이끈다. 아들러는 이러한 열등감을 성공을 향한 노력이 방해받은 결과물로 보았다.

신경증 환자란 불필요한 죄의식에 시달리거나 열등감, 의심증, 불평불만, 지나친 긴장과 분노를 드러내며 자기 자신과 타인을 괴롭히는 사람들이다. 아들러에 따르면 모든 신경증 환자는 부분적으로 옳다. 다시 말해 자신의 행동에 대해 나름대로 타당한 이유를 갖고 있다는 이야기다. 물론 그 이유가 충분하지 않은 게 문제이지만. 지나친 죄의식에 시달리는 소년의 경우를 보면 자신의 정직성을 드러냄으로써 사람들의 주목을 끌고, 성공하지 못하는 것에 대한 책임을 모면하려는 의도가 숨겨져 있다. 신경증은 두통, 강박증, 우울증, 광장공포증, 적면공포증, 야뇨증, 심장 질환, 심계항진증 등 갖가지 신체적 증상을 동반하며 이는 현실 회피에 대한 구실로 활용되기도 한다.

이 책에서는 모두 서른일곱 가지의 신경증 사례를 다루고 있는데, 현학적이고 이론적이 아닌 사례별로 직접적이고 적절하며 알기 쉽게 설명하고 있다. 아들러는 다양한 신경증 환자의 사례에 대해 개인이 외부의 힘이 아닌 스스로에 의해 결정되는 존재라는 원칙을 갖고 접근한다. 개인의 내면심리 세계는 객관적 요인으로 형성되는 게 아니라 궁극적으로 개인 자신이 만들어내는 것이고, 개인의 삶의 행로는 비교적 객관적인 충동이 아니라 매우 주관적인 목표와 가치에 따라 방향이 정해진다고 본 것이다. 아들러의 이러한 개념은 환자를 변화시키는 데 좀더 자유롭고 낙관적으로 작용하기 때문에 심리치료에서 유용하게 쓰임은 물론이고 그 밖의 관련 분야에도 큰 도움이 될 것이다.

옮긴이의 말

왜 신경증에 걸릴까

초판인쇄	2015년 8월 17일
초판발행	2015년 8월 24일
지은이	알프레트 아들러
옮긴이	박우정
펴낸이	강성민
기획	노만수
편집	이은혜 박민수 이두루 곽우정
편집보조	이정미 차소영 백설희
마케팅	정민호 이연실 정현민 지문희 양서연
홍보	김희숙 김상만 한수진 이천희
펴낸곳	(주)글항아리 | 출판등록 2009년 1월 19일 제406-2009-000002호
주소	413-120 경기도 파주시 회동길 210
전자우편	bookpot@hanmail.net
전화번호	031-955-8891(마케팅) 031-955-8897(편집부)
팩스	031-955-2557
ISBN	978-89-6735-234-9 03180

에쎄는 (주)글항아리의 브랜드입니다.

이 도서의 국립중앙도서관 출판예정도서목록(CIP)은 서지정보유통지원시스템 홈페이지(http://seoji.nl.go.kr)와 국가자료공동목록시스템(http://www.nl.go.kr/kolisnet)에서 이용하실 수 있습니다.(CIP제어번호: CIP2015021063)